劳动教育
综合育人功能实践案例研究

舒艳琴　著

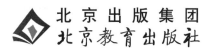

北京出版集团
北京教育出版社

图书在版编目 (CIP) 数据

劳动教育综合育人功能实践案例研究 / 舒艳琴著 .
北京 : 北京教育出版社 , 2024. 9. -- ISBN 978-7-5704-
6948-2

Ⅰ . G623.92

中国国家版本馆 CIP 数据核字第 202412KU53 号

劳动教育综合育人功能实践案例研究

LAODONG JIAOYU ZONGHE YUREN GONGNENG SHIJIAN ANLI YANJIU

舒艳琴　著

*

北 京 出 版 集 团
北京教育出版社　出版

（北京北三环中路 6 号）

邮政编码：100120

网址：www.bph.com.cn

京版北教文化传媒股份有限公司总发行

全国各地书店经销

河北宝昌佳彩印刷有限公司印刷

*

710 mm×1 000 mm　16 开本　19 印张　264 千字
2024 年 9 月第 1 版　2024 年 9 月第 1 次印刷
ISBN 978-7-5704-6948-2
定价：98.00 元

质量监督电话：(010) 58572525　58572393
购书电话：18133833353

　　党的二十大报告指出，"高质量发展是全面建设社会主义现代化国家的首要任务"，要"加快建设高质量教育体系"，也要"在全社会弘扬劳动精神、奋斗精神、奉献精神、创造精神、勤俭节约精神，培育时代新风新貌"。教育部印发的《义务教育劳动课程标准（2022年版）》以习近平新时代中国特色社会主义思想为指导，全面贯彻党的教育方针，坚持劳动树德、增智、强体、育美的综合育人功能。劳动教育是中国特色社会主义教育制度的重要内容，是"培养德智体美劳全面发展的社会主义建设者和接班人"的重要组成部分，事关"培养什么人""怎样培养人""为谁培养人"的根本问题，事关全面贯彻党的教育方针，落实立德树人根本任务。

　　劳动教育所要培养的核心素养即劳动素养，主要包括劳动观念、劳动能力、劳动习惯和品质、劳动精神。当前，我国已经进入全面贯彻新发展理念、加快构建新发展格局、着力推动高质量发展新阶段，立足新时代新征程，要将劳动教育作为主动构建新发展格局中加快建设高质量教育体系的重要因素和内生变量，从国之大计、党之大计的战略高度，牢牢把握高质量发展的首要任务。

　　马克思指出："未来教育对所有已满一定年龄的儿童来说，就是生产劳动同智育和体育相结合，它不仅是提高社会生产的一种方法，而且是造就全面发展的人的唯一方法。"① 劳动教育贯穿并作用于其他"四育"，在教育体系中具有基础性、先导性、全局性的地位，是学生成长成才的"必修课""基础课"，是学生全面发展的必要途径。"五育融合"体现了党对教育规律认识和把握的不断深化，德智体美劳五大要素构成了相互依存、相辅相成的有机统一体，统合于培养合格建设者和可靠接班人的育人进程中。

目前，劳动教育正在全国各地轰轰烈烈地开展，重点是在系统的文化知识学习之外，有目的、有计划地组织学生参加劳动，培养学生正确的劳动价值观和良好的劳动品质。课程是教育思想、教育目标和教育内容的主要载体，是学校教育教学活动的基本依据。要想实现劳动教育的综合育人价值，就必须有课程作为支撑。有了课程特有的规定性和规范性的制约，才能使劳动教育的育人目标得到系统有效的落实。如何把新时代劳动课程放在全要素、全过程、全学段、全场域的视野中进行一体化设计，是目前学校面临的主要挑战。

武汉市光谷第二十五小学的"千卉课程"统整了新生课程、班队活动、人人有岗、课堂学习、学科融合、社团活动、劳动验收、家庭学习、社会实践、级校展评等十五个课程路径，整合优化育人资源，实现了国家、地方、校本课程的相互融合，激活了校内外资源，促进了学科组与年级组的联动以及家校社的共建共享。以各班级为主要阵地开设的"千卉课程"班本社团，切合学生实际，主打工艺制作，兼具实操性与趣味性。教师整体设计学期内容，制定培养学生劳动技能的目标，确保学生的全员参与和劳动体验。学校种植养殖类、工艺制作类校级精品社团进展顺利。种植基地春耕播种，种瓜点豆，不负农活不负春；养殖基地羊圈鸡舍小兔窝，生命教育伴随劳动体验，爱无限，乐无忧。师生校园生活呈现丰富灵动的新样态，有效推动了学校校本课程的特色创新。在"千卉课程"建设与实施的

---

① 中共中央马克思恩格斯列宁斯大林著作编译局.马克思恩格斯选集：第2卷[M].3版.北京：人民出版社，2012：230.

探索中，学校注重以学科融合为基础路径，以任务群劳动和展示活动为载体，充分发挥劳动教育综合育人功能，实现五育融合。

本书共包括五项综合育人功能相关研究和十五个实践案例设计。本书第一部分围绕以下五章内容进行研究：第一章为小学劳动教育的问题现状及因应策略；第二章为劳动教育综合育人功能实践路径探究；第三章为劳动教育校本课程的开发与设计思路；第四章为小学生特色化劳动素养培育构想创新；第五章为区域劳动教育共同体建设成效与推进。笔者对劳动教育综合育人功能相关研究进行了详细阐述，并提供了教师在指导时的理论认知和实践策略。对于如何依据综合育人功能开发课程，如何指导学生在劳动实践中落实育人功能和劳动素养指标，如何评价指标的达成，本书第二部分由武汉市光谷第二十五小学的教师提供了十五个劳动课程实践案例设计，详细呈现了每课时的活动设计。这十五个实践案例设计的分工如下：实践案例一"萌宝课程初体验"由安楚筠、梅月华提供；实践案例二"智能灌溉小管家"由张立平、覃堃提供；实践案例三"打卡蓝天风筝节"由常凤芹、张念杰提供；实践案例四"秋日相伴趣远足"由陈黎、张伟提供；实践案例五"楚法莲藕煨排骨"由唐友华、李梦莎提供；实践案例六"种植番茄乐陶陶"由王惠琴、刘涛提供；实践案例七"巧手扭花朵朵俏"由李培、刘昶提供；实践案例八"家长课堂巧针织"由刘昭莹、张青玲提供；实践案例九"人人有岗有担当"由李守辉、李梦娜提供；实践案例十"清洁卫生样样行"由韩京、吴丹平提供；实践案例十一"最靓教室巧布置"由唐思、李欢初提供；实践案例十二"我来助力蛋变鸡"由向明军、鲁德琳提供；实践案例十三"童心篆刻传古韵"由王思操、鄂鞻提供；实践案例十四"致敬最美劳动者"由黄蓉、刘宇提供；实践案例十五"共创千卉嘉年华"由吕露、叶晶提供。本书得以出版要感谢湖北第二师范学院教育科学学院余娟博士，她对本书进行了整体框架设计，并承担了部分内容的撰写和统稿工作。

新时代人才培养体系要求全面加强劳动教育，增强劳动教育的时效性。劳动教育是一项长期、复杂的系统工程，需要持续施教及多方力量的协同配合。

本书所呈现的研究成果具有较强的思想性、实践性、指导性和可操作性，可以帮助学校和教师解决劳动实践案例设计中的困惑，指引课程实施方向，是小学劳动教育综合育人功能实现的重要依据。但劳动教育是一门处在探究中的课程，需要人们不断学习，不断实践，在发展中去完善。

舒艳琴

2024 年 6 月

CONTENT
目 录

第一部分　小学劳动教育综合育人功能相关研究

第一章　小学劳动教育的问题现状及因应策略 …………………………… 3

第二章　劳动教育综合育人功能实践路径探究 …………………………… 14

第三章　劳动教育校本课程的开发与设计思路 …………………………… 26

第四章　小学生特色化劳动素养培育构想创新 …………………………… 33

第五章　区域劳动教育共同体建设成效与推进 …………………………… 46

第二部分　基于劳动素养的主题开发实践案例设计

实践案例一　萌宝课程初体验 ………………………………………………… 58

实践案例二　智能灌溉小管家 ………………………………………………… 82

实践案例三　打卡蓝天风筝节 ………………………………………………… 98

实践案例四　秋日相伴趣远足 ………………………………………………… 112

实践案例五　楚法莲藕煨排骨 ………………………………………………… 130

实践案例六　种植番茄乐陶陶 ………………………………………………… 145

实践案例七　巧手扭花朵朵俏 ………………………………………………… 161

实践案例八　家长课堂巧针织 ………………………………………………… 180

实践案例九　人人有岗有担当 ………………………………………………… 190

实践案例十　清洁卫生样样行 ·· 206

实践案例十一　最靓教室巧布置 ·· 221

实践案例十二　我来助力蛋变鸡 ·· 236

实践案例十三　童心篆刻传古韵 ·· 249

实践案例十四　致敬最美劳动者 ·· 260

实践案例十五　共创千卉嘉年华 ·· 278

参考文献 ·· 294

第一部分 小学劳动教育综合育人功能相关研究

第一章 小学劳动教育的问题现状及因应策略

劳动是创造的基础，是社会进步的动力。培养小学生劳动能力及劳动意识，对于小学生的成长与发展起到推动作用。本书在大量文献分析的基础上，利用系列研究方法，研究了当下小学对劳动课程重视程度不高、小学生家庭劳动参与程度不够和劳动教育缺乏保障的现状，并分析了小学生劳动教育问题成因。最后，结合国内外劳动教育研究综述提出了以下实施对策：一是要树立正确的劳动教育观念；二是要形成家校劳动教育合力；三是要完善劳动教育保障机制。

一、小学劳动教育问题现状分析

劳动教育是学生德智体美劳主要发展内容之一，是中国特色社会主义教育制度的重要内容。在新时代背景下，培养小学生劳动能力以及劳动意识，能直接决定学生的劳动精神面貌、劳动价值取向和劳动技能水平。[1]但如今我国小学劳动教育面临一些问题。由此，本书就当前劳动教

---

① 向艳，张萌，王红.义务教育阶段劳动项目的课程价值及其设计原理探析[J].中国教育学刊，2024（4）：34-39，43.

育存在的问题以及在小学教学过程中开展劳动教育的意义进行探究，依此制定针对性策略，旨在增强学生的劳动意识，并使学生掌握劳动技能。

（一）小学生劳动态度存在偏差

当前小学生自身劳动素养存在一定的不足。一方面，一些小学生存在劳动认识不清晰的问题。虽然大部分小学生都能认识到体力劳动属于劳动，但其中一些小学生认为脑力劳动不属于劳动，也就是仅仅把劳动看作体力劳动。另一方面，虽然大部分小学生能认可劳动过程也是学习的过程，但仍有少部分小学生将劳动与智育活动区分开来，认为参加劳动会耽误自己的学习。另有少部分小学生认为自己已经掌握了劳动技能，没有必要接受劳动教育，认为劳动教育意义不大。

（二）劳动教育被边缘化

根据一些学者的调查，虽然劳动技术课因其重要性被列入了国家课程规划，是学校课程里不可或缺的一门课程，和其他课程一样占有一席之地，但在具体实施过程中，有些学校会忽视劳动课程，其地位不如其他课程。这表明尽管目前某些地区有些学校在劳动教育方面做出了一些成绩，但从全局来看，还是星星之火，还没有形成燎原之势。

（三）家庭劳动教育被家长忽视

关于家庭劳动的一项调查显示，1.17％的家长认为没必要参加劳动教育，认为现在去参加劳动会耽误学习；21.99％的家长认为劳动不列入考试内容，还是要把时间放在学习上；76.84％的家长认为有必要现在就参加劳动教育，掌握劳动技能是长大以后安身立命之本。可见，大部分家长对劳动教育很重视，认为小学生有必要参加劳动教育。但是，仍然有部分家长认为现在让孩子去劳动，进行劳动教育，会耽误孩子的学习，劳动又不列入考试内容，还是要把时间都放在学习上。

有些学校的劳动教育形成了特色，劳动教育的内容也丰富多彩，深受小学生的喜爱和欢迎，但即便是学校重视，孩子喜欢，但是调查中还是能感受到来自家长对劳动教育的不重视。

（四）劳动教育缺少有效保障

1.劳动教育缺少师资保障

具有稳定与专职的劳动技术教师队伍是支撑劳动教育发展的关键。随着劳动教育越来越受到教育部门的重视，劳动教育越来越被提倡，一些学校也积极响应教育部门的号召，积极拓宽劳动教育的途径，开发劳动教育课程。但是，课程越丰富，就越需要具有相关专业知识与技能的教师来开展相应的课程，而能够从事这方面劳动教育的教师数量却不足，并不能够满足当前小学劳动教育的需求。

2.劳动教育缺少时间保障

小学生劳动素养的提高需要有劳动教育时间的保障。据调查，上海地区小学每天放学后会以班级为单位进行值日活动，每天的值日是按组进行的，每个学生每星期做一次值日，可见这项在校劳动机制贯彻情况非常好。在对上海地区小学的调查了解中看到，学生除了负责做教室的卫生和责任区的卫生外，还要负责维护认领的绿地或绿植（如校园种植，让班级学生认领绿植和责任田，或在学校的组织下开展养殖等）。笔者在调查期间，记录了学校三年级和五年级两个班的值日时间。统计显示，学生每次值日不超过半个小时，基本上为 10 ～ 20 分钟。由此可见，小学生每日在学校的劳动时间有限。

3.劳动教育缺少设施保障

学校对用于劳动教育的专用教室和设施设备的投入不足，致使学校劳动教育的场所一般限于操场、教学楼、校外卫生区等。同时，劳动教育场地及教学工具缺失、资源利用不充分、配套设施不足，少部分学校一学期内只组织一两次校外劳动实习。

二、小学劳动教育问题现状的成因

（一）对劳动教育认识不足

1.学校培养理念的误区

小学生学校劳动教育存在问题的根本原因之一是学校培养理念的偏差。例如，部分学校在实际教学中不自主地忽视学校劳育的教育性，既没有指向核心素养的目标，也没有以核心素养为出发点的具体章程，没有把劳动教育作为整个学校教育中的一个环节，忽视了对小学生综合素质的培养。但如果忽视学生的综合素质，不做好对学生未来发展的规划和引领，学校教育的目的也就无法完全达到。

2.劳动教育的社会历史观念

当前学校劳动教育不受重视确实存在一个历史沿革问题。在封建社会，影响最大的便是"劳心者治人，劳力者治于人"，其轻视底层劳动者、轻视生产劳动，提倡人们通过学习知识入仕。在这种历史观念的影响下，大众通常坚信读书才能改变劳苦命运。虽然素质教育的呼声越来越高，但劳动教育由于被这种传统观念影响，并未得到应有的重视。

（二）家庭教育较为乏力

1.家长思想认识的偏颇

当今社会，不同的家长对劳动教育有着不同的认识。一些家长对孩子过度溺爱，一些家长认为校内劳动工作不应该让学生来做，坚信"孩子是来学校学习的，不是来干活的"，对于社会上的公益性劳动也很少允许孩子参加。这种做法忽视了学生的开拓精神和动手能力，也没有意识到劳动带给孩子的自我价值感、成就感和责任感，从一定程度上影响了小学生身心成长。

2.家长缺乏专业引导

据调查，一些家长虽与学校联系紧密，但无论是学校还是家长都更关注学生的在校学习情况，对于学生的劳动情况，只是在班会时由班主任统一总结，家长在小学生劳动教育中参与度较低。因此，对于家长来说，无论是在家庭教育中融入劳动教育，还是配合学校的劳动教育，都没有接受过在内容、方法和步骤上的专业引导。

（三）学校劳动教育机制不健全

1.学校劳动教育内容机械单一

当前学校劳动教育的内容主要就是简单机械的体力劳动，如每天固定的值日活动，包括擦黑板、拖地、打扫卫生等。小学生在学校里参加的劳动活动都是学校日常要求的常规劳动，内容比较单一，不需要具备劳动知识或技能，不足以满足学生的兴趣和需要。小学生在劳动时多为应付检查，未起到劳动教育作用。此外，还有的学校安排周末家庭劳动作业，但结果往往是由家长代劳而不是学生自己完成。

2.学校劳动教育途径比较分散

学校劳动教育的主阵地包括综合实践活动、班级或校内劳动、课外活动课、思想品德课以及其他学科教学。调查发现，班级或校内劳动最为常见，但只是打扫等简单机械的体力劳动；综合实践活动课的形式比较普遍，以传授简单劳动、手工制作上的技能为主，没有体现出劳动价值观等方面的教育；课外活动课大多是学生在校内进行简单的自由活动，或由教师带领学生统一活动，劳动教育的内容较少；思想品德课或其他学科教学则专注于感性认知，缺少劳动技能等方面的现实体验。总而言之，学校劳动教育各板块之间联动性较差，不足以实现以劳树德、增智、强体、育美的整体目标。如何使各个板块之间贯穿统一的劳动素养教育仍是需要思考的一大问题。

3.学习劳动教育评价机制不健全

劳动教育评价对劳动教育起着导向、激励和反馈的作用，科学的评价方式有利于推动劳动教育的进行。调查发现，85.2%的教师采用口头表扬的方式，鼓励其他同学向其学习，45.3%的教师采用物质奖励的方式，58.3%的教师会将劳动情况记录下来，并将其作为期末考核加分内容。可见，劳动教育评价的方式是以口头评价为主，也有奖励、记录考核的形式，但相对较少使用。学校对学生劳动情况也要进行评价，但更多的是采用终结性评价的方式，即仅有对劳动成果的评价，而不注重对劳动过程的评价。由此可以看出评价方式不够多样。评价的主体也主要是教师，没有学生、家长等其他主体参与进来。

三、小学劳动教育课程实施的改进策略

（一）价值为先：树立正确劳动教育观念

各类小学要大力开展劳动教育，整体架构劳动教育课程，科学施教，加强劳动思想教育，对小学生的劳动思想教育以学校为主渠道，要从以下几个方面进行。

1.对小学生进行直接的劳动思想教育

小学阶段有丰富多样的活动，学校要充分利用各种活动加强劳动思想教育。例如，利用国旗下讲话、主题班会、团队活动日、植树节、劳动节等活动，加强对学生的劳动思想教育，端正小学生对劳动的态度，提高他们对劳动的认知，使他们认识到劳动是创造一切的源泉，幸福生活要靠劳动来创造，劳动最光荣，劳动最崇高，劳动最伟大，劳动最美丽，进而帮助学生树立正确的劳动价值观念。

2.要注重文化建设

学校可以充分利用校内的一些设施，如宣传栏、黑板、教室走廊等，张贴关于劳动的名言，让校园的每一面墙壁，每一个角落都能为劳动教

育说话，宣传报道学生身边或社会上的劳动先进人物、先进劳动事迹等，增强学生对劳动的情感认同，激发他们自觉劳动的内生动力，增强学生对劳动情感上的认同和行为上的自觉实践，鼓励学生自觉劳动，使学生立志通过自己辛勤的劳动实现自身的价值，获得人生幸福，进而为建设社会主义强国、实现中华民族伟大复兴而奋斗。

（二）协同为要：形成家校劳动教育合力

学校和家庭是直接影响学生日常学习和生活的两个重要因素。因此，在劳动教育过程中，学校要注重与家长的合作，携手推进劳动教育。

1. 家校配合，观念认识要统一

学校要重视劳动教育，需要与家长保持一致的劳动观念。当前社会，仍有一些家长具有不重视或轻视劳动的观念，所以学校首先要对家长进行思想上的指导，使家长认识到劳动教育的重要性，帮助家长转变观念，使家长在思想上重视劳动教育，之后还要对家长进行劳动教育方面的指导。

2. 家校配合，推进步调要一致

学校的劳动教育不能单独行动，应尽量请家长一起参与。例如，学校可以联合家长一起组织劳动教育活动，如邀请孩子和家长参加亲子劳动，在母亲节、父亲节时，组织孩子以自己的劳动来表达对父母的感恩之情，学校布置家庭劳动任务，家长可协助指导孩子，但不能代劳。学校还可以通过家校联系的平台，将学生在学校的劳动表现、取得的进步，再加上适当的评价发送给家长，使家长及时了解自己孩子在劳动方面的成长。反过来，家长也可以通过平台告知教师学生在家中的劳动表现、劳动态度，让教师对学生的劳动状况做到心中有数。

劳动习惯的养成、劳动技能的获得、劳动态度的培养、劳动意志的增强等都需要时间，所以学校和家庭要保证有足够的从事劳动的时间。无论是学校里学生日常对班级和校园环境的维护，还是学生在家庭中自我服务劳动的完成，都要有时间保障，家长不能以其他理由（如学习任务重）而为学生代劳，或者侵占学生正常的劳动时间，剥夺其成长的权利。

3.家校配合，榜样示范要力行

要做好对小学生的劳动教育，教师和家长的榜样示范很重要。在学校里，教师要以身示范，通过自身的劳动经验和劳动实践能力，帮助学生选择劳动内容，与学生一同进行劳动，发挥模范典型的作用，为学生提供一个生活当中更加直观的榜样。一方面，在师生共同劳动过程中，教师与学生建立亦师亦友的师生关系，既是给学生做示范，又能够对学生的劳动进行指导，学生遇到了问题，教师也能够及时提供帮助；另一方面，教师可以近距离地了解学生对劳动的真实态度和情感，便于对学生进行进一步的劳动思想教育和劳动情感引导。在家庭中，家长也要以身作则。首先，家长自身要转变观念，认识到劳动教育和其他教育同样重要，知道劳动教育是个人成长发展的重要内容之一，不能只重视智育而轻视劳动教育，应鼓励孩子积极参与家庭中的各种劳动活动。其次，家长自身要树立起爱劳动、勤劳的形象，做孩子的榜样。最后，合理分配家庭劳动任务，为孩子提供做家务劳动的时间，创造做家务的机会。

在学校和家庭为学生创建的劳动氛围中，在教师、家长榜样的带领下，教师和家长的行为会潜移默化地影响小学生的劳动意识和行为，劳动教育取得事半功倍的效果。

（三）保障为基：完善劳动教育保障机制

1.明确劳动教育总体目标

《关于全面加强新时代大中小学劳动教育的意见》明确了劳动教育的总体目标："通过劳动教育，使学生能够理解和形成马克思主义劳动观，牢固树立劳动最光荣、劳动最崇高、劳动最伟大、劳动最美丽的观念；体会劳动创造美好生活，体认劳动不分贵贱，热爱劳动，尊重普通劳动者，培养勤俭、奋斗、创新、奉献的劳动精神；具备满足生存发展需要的基本劳动能力，形成良好劳动习惯。"由此可见，小学劳动教育的培养目标是提高学生的劳动基本素养，使学生形成良好的习惯、态度和劳动精神。

劳动教育的开展和其他学科的教育一样，必须遵循学生的身心发展规律和教育自身的规律，循序渐进地进行。因为每个学段的劳动教育内容、要求和形式是不一样的，在小学阶段开设相应的劳动教育课程，需要制定小学劳动教育指导纲要，明确在小学阶段劳动教育的具体内容和实施要求，才能确保劳动教育落地开花。

2.全面构建学校劳动教育体系

（1）建立新时期的劳动教育课程体系。要把劳动教育纳入小学教育的课程方案，劳动教育要作为小学生的必修课程。在课程建设上，要整体规划劳动教育的目标、内容、实施和评价等方面，劳动教育的目标要全面、准确，劳动教育的内容要联系学生生活实际并符合时代特点。在教育方式上，要根据学科特点，引导学生多操作、探究和实践。在课程设置上，要保障劳动教育课程的时间，因为劳动教育不能局限于课堂上的劳动知识讲解传授，需要学生亲身参加劳动实践，这样才能使学生掌握劳动技能，所以要明确好课内、课外的劳动时间。

（2）建立新时期的劳动教育理论体系。广大科研工作者、教育工作者需要加强对劳动教育的理论研究和实践探索，在劳动教育使用的概念和范畴方面，形成专门的反映劳动教育本质和规律的概念和范畴体系。在研究方法方面，形成科学的研究方法。丰富劳动教育内容，依据时代特点和小学生身心发展规律，增加与社会发展相适应的具有时代特点的内容，使其更符合小学生成长发展需要。树立新的劳动理念，在传承优秀劳动文化的基础上，树立新的劳动价值观和弘扬新的劳动精神。

3.重视劳动教育实施效果评价

要提高劳动教育课程的教学质量，必须改革目前的教育评价机制，制定科学合理的评价标准，对学校劳动教育工作的开展、教师的教学和学生学习情况进行规范与评价。衡量与评价学校的劳动教育状况重在评价学校的劳动教育管理工作的执行情况，从课程开设和师资力量两个方面进行考量。对此，可以结合劳动教育教学大纲、劳动教育课程标准以及学校实际，制定劳动教育课程的教师教学评价标准，以及制定学生学习评价标准，对学生的劳动态度、动手操作能力，及其在学校、家庭、社会实践活动中的表现、劳动成果等方面进行评价。

劳动教育的实施需要一定的物质基础。劳动教育的开展有其自身的特点，不同于其他文化课主要通过课堂讲解的方式就可以使学生掌握基本的知识结构，它需要学生通过亲身体验、动手实践来获得劳动技能，在实践体验中磨炼意志、形成品格。所以，劳动教育除了普通的教室、教材这些物质条件，还需要一些专门的劳动教育教室，用于劳动的工具、设备，以及需要建设供学生学习所用的劳动教育基地等。而要想切实抓好劳动教育，就需要切实保障学校用于劳动教育的活动经费充足。

4.强化学校劳动教育督导评估

劳动教育作为学校教育的重要组成部分，旨在培养学生必要的劳动技能、劳动习惯以及劳动精神。为了确保劳动教育的有效实施，强化督导评估工作显得尤为重要。督导评估的首要任务是检查学校是否严格按照国家和地方关于劳动教育的政策要求进行教育教学活动。评估内容包括政策宣传、落实情况以及政策执行中的创新举措等。通过查阅文件、观察教学现场、与教师和学生交流等方式，全面了解政策执行情况，发现问题并提出改进建议。

劳动教育要纳入教育督导体系，完善督导办法，教育部门可成立劳动教育督查组，定期对小学劳动教育的组织实施管理状况进行评估和督导。评估可以通过查阅学校的劳动教育实施材料、教师和学生进行访谈、进入劳动教育课堂进行观摩等多种方式，详细考查学校的劳动教育教学、劳动实践、学校的组织协调等工作，并针对发现的问题提出一些意见或建议。督导评价的结果可以作为衡量一个地区和学校教育质量的重要参考，也可以作为对学校负责人考核的重要指标。

第二章 劳动教育综合育人功能实践路径探究

本章深入探讨了劳动教育在新时代背景下的综合育人功能，即劳动教育综合育人不仅对学生的全面发展至关重要，而且对学生形成正确的世界观、人生观、价值观具有重要意义；提出了相应的实践路径，包括增强学生劳动观念、提高劳动能力、培养劳动习惯与品质、深化劳动精神等方面；明确了劳动教育综合育人的目标定位，即使学生理解劳动内涵、掌握基本生活与职业技能、形成公民素养及劳动精神；从理念、功能和发展的角度分析了劳动教育综合育人的发展，提出了劳动教育综合育人的具体内容，包括校内劳动和校外劳动。本书的研究对于丰富劳动教育综合育人的理论与实践具有重要意义。

劳动作为人类生存与发展的基石，其教育意义在新时代愈发突显。中小学阶段正是学生塑造价值观、养成良好习惯的黄金时期。因此，深入探讨劳动教育的综合育人目标定位，对于培养德智体美劳全面发展的新时代青少年具有重要意义。

一、新时代劳动教育综合育人目标定位

劳动教育不仅是培养全面发展的新时代人才的关键，而且是传承民

族文化、提升国民素质的重要途径。[①] 深入探讨新时代劳动教育的综合育人目标定位，要从动因、定位依据及定位目标三个方面进行探讨。

（一）小学发挥劳动教育综合育人的动因

新时代倡导劳动教育，源于其多维性、融通性和长期性对人才培养的关键作用。信息社会要求劳动者具备新技能，中小学劳动教育应融入信息技术，培养创新人才。劳动教育不仅关乎国家命运和民族未来，更是传承中华优秀传统文化、培育奉献精神的重要途径。然而，当前部分学校劳动教育片面化，家庭劳动教育边缘化，因此，重提劳动教育，需明确目标和内容，分析特点，并提出有效解决方案。加强学校、家庭和社会对劳动教育的重视，培养学生的劳动技能、创新能力和社会责任感，为他们的未来发展奠定坚实基础。

（二）劳动教育综合育人的定位依据

劳动教育综合育人的目标定位依据主要包括政策要求、社会需求、学生身心特点和技能形成规律。政策要求明确提出了劳动教育的培养目标，即提高学生的劳动素养，培养积极劳动态度和创造精神；在社会需求方面，随着"机器换人"时代的到来，对从业者素质要求越来越高，劳动教育在中小学阶段显得尤为必要，其能有效增强学生的综合素质；学生身心特点方面，中小学生正处于关键发展阶段，劳动教育有助于他们形成良好习惯和价值观；技能形成规律表明，劳动教育应循序渐进，从了解劳动、热爱劳动到主动劳动、自觉劳动，形成良好劳动习惯。[②]

因此，中小学劳动教育应综合考虑这些依据，制定具体可行的教育方案，确保教育目标的实现。强调德智体美劳全面发展的教育目标，是回归教育的本质，是一个循序渐进的过程，所以学生的劳动教育价值观

---

① 张元奎.苏霍姆林斯基劳动教育思想的价值向度与时代启示[J].教育理论与实践，2024，44（5）：11-14.

② 程德生，卢军.小学生劳动精神培养三加强[J].中国教育学刊，2021（5）：104.

的形成需要经过长期的教育与实践，具体可定位为帮助学生理解劳动内涵与内容，培养学生丰富的技能以及为学生成为更好的公民奠基。

（三）劳动教育综合育人的定位目标

理解劳动内涵与内容，是教育实践中的首要任务。劳动有多种形式，从体力劳动到脑力劳动，从直接劳动到间接劳动，从重复性劳动到创造性劳动，每一种都有其独特价值。劳动教育应引导学生深入理解这些内涵，而非仅仅参与体力劳动。

劳动教育的核心在于培养学生基本的生活与职业技能，这涵盖了从衣食住行到正确消费观、积极生活方式以及良好生活习惯的全方位培养。同时，它强调职业技能的培育，包括职业规划和择业技能，旨在帮助学生更好地适应未来社会，实现自我价值。劳动教育不仅关注对个人技能的培养，更致力为学生公民素养的形成奠定基础。作为一种公共活动，劳动涉及个人、家庭乃至社会群体的关系，因此，培养学生的劳动价值观和社会责任感至关重要。在当前社会背景下，学生不仅需要掌握劳动技能，更要成为具备公民意识、社会认同和理性思考的合格公民。

劳动教育在教育实践中占据着举足轻重的地位。它不仅是培养学生劳动技能的工具，更是引导学生深入理解劳动内涵、提升生活与职业技能、提升公民素养的重要途径。通过劳动教育，学生能够走出校园，接触社会，在实践中锻炼并提升公民意识、职业素养和社会道德认同感。这种教育形式有助于学生形成乐于助人、善于奉献、宽容为怀的高尚品质。[①] 因此，广大教育工作者应高度重视劳动教育，让学生在劳动中不断成长，最终成为具有社会责任感和高尚品质的合格公民。

---

① 夏惠贤，杨伊.我国中小学劳动教育的百年探索、核心议题与基本走向[J].教育发展研究，2020，40（24）：13-20.

二、劳动教育综合育人的向度发展

（一）劳动教育综合育人的理念向度

以劳动情感为重点，在劳动教育的理念和宗旨上，二者都一致认为劳动教育的目的是培养合格的社会主义劳动者，即通过社会主义学校的劳动教育帮助学生培养社会主义劳动情感，最终形成社会主义劳动价值观。在劳动教育中进行情感培育，主要有三种方法，即采用生动的语言讲述劳动教育的故事、让学生与优秀的劳动者面对面交流以及用劳动艺术形象进行艺术教育。首先，教师要用生动的语言把劳动教育的故事讲出来，在学生的心中埋下劳动美好的种子，并且培育它们直至生根发芽结果，并引起学生的共鸣。其次，引导学生多与劳动榜样进行面对面交流，通过劳动榜样朴实的语言和故事，在学生心中树立起劳动最光荣、劳动者最可爱的观念。最后，借助书籍的作用，帮助学生养成阅读的习惯，通过阅读有关劳动的文学著作，探知劳动者的精神世界，接受优秀劳动思想的熏陶。

组建劳动集体也是强化劳动情感的一种重要方式。相较于教师直接进行劳动教育，通过劳动集体中同伴来影响和教育学生，所取得的效果会更加明显。这是因为在一个良好的劳动集体中，每个人都因劳动关系而紧密联系在一起，形成了深厚的劳动情感，同时，大家关心着共同的事业，有着共同的目标，并且在共同奔赴一致目标的过程中，对个体的努力进行公共评价，能形成良好的劳动道德体验，进而形成统一的、坚不可摧的劳动价值观。

（二）劳动教育综合育人的功能向度

首先要以劳动教育为支点。协同发挥"五育并举"劳动教育的功能，不应局限在它只是"五育并举"的内容之一和重要环节，而应从它对"四育"的积极影响及对人"个性全面和谐发展"培养目标的正向促进作用方面进行综合考量，这样才能更加全面地认识劳动教育的功能向度。[1] 同时不能忘记道德对劳动教育的导向作用。道德在劳动中形成，劳动是培养人类道德感的重要源泉，劳动教育对于德育的深化和巩固具有推动作用。如果没有道德观念的引导和规劝，社会治理的基层逻辑就会陷入"法无禁令皆可为"的境地，所以，道德在塑造民族精神品质、保证国家社会长治久安方面发挥了重要作用。把一个自然人培养成具有道德意识和道德行为的合格公民，并不是一件易事，而与劳动教育相结合，却能达到事半功倍的效果。

其次需要注意的是智育，智育在劳动中发展。学习本身就是一种劳动，知识需要通过教师和学生的双重劳动才能实现传授。学习应当是一种促使智慧和双手的努力相结合的劳动，并且"热爱劳动的人会变得聪明起来，懒惰的人依然愚昧无知"[2]。脑力劳动与体力劳动相结合，也是劳动教育思想的基本原则之一。体育在劳动中强化，健康的体魄是个体认识和改造世界的先决条件。拥有健康的身体和充沛旺盛的精力是感知世界、培养乐观精神和挑战意志的极为重要的基础。相较于单一的体育课程和体育锻炼，学生在劳动课上积极参与体育劳动，更锻炼了意志品质、培养了团队合作精神。

最后是美育在劳动中升华。审美应是劳动教育的价值追求，劳动教育应引导学生通过自己的双手创造美、塑造美，并能够看到、感受到自己的劳动成果的美，从而实现外在美和内在美的统一。如果过度重视劳动技能的传授和掌握，而忽略学生在技术学习中审美感的提升，就称不上是真正的劳动教育。因此，教师应竭力避免将劳动教育狭隘化为技术教育，而是要在劳动教育过程中引导学生深刻领会劳动美的真谛。这种

---

① 孙会平，宁本涛.五育融合视野下劳动教育的中国经验与未来展望[J].教育科学，2020，36（1）：29-34.

② 苏霍姆林斯基.让少年一代健康成长[M].黄之瑞，张佩珍，姚亦飞，等译.北京：教育科学出版社，1984：262.

美不仅是对学生劳动成果的肯定，也是对学生亲身动手劳动后精神成长和磨炼的认可。

（三）劳动教育综合育人的发展向度

劳动教育需要以创造性劳动为着力点，注重培养创新思维。在苏霍姆林斯基的劳动教育理论中，创造性劳动被视为核心概念之一。他指出，任何形式的体力劳动，尤其是那些看似简单且繁重的工作，都需要智力的参与，将原本单调乏味的体力活动转化为充满智慧和创造性的劳动。[①]他还提倡要让学生更多地进行创造性劳动，因为在现代社会体力劳动已经与知识和智力密切相关，任何体力工作都需要丰富的知识和高度的文化和教育水平。但创造性劳动并不是说脱离了体力劳动，要实现创造性劳动，就要坚持将体力劳动和脑力劳动相结合，也就是手脑要结合起来用，不能偏废任何一方，只有手脑结合才能进行创造性劳动。一是头脑中灵感来临时，要及时将之通过劳动之手转化为劳动产品，再进行产品的打磨改造；二是在体力劳动时一定要充分运用自己的才智，既要做好眼前的劳动作品，也要"巧干"、不"死干"。

在实现创造性劳动的过程中，人们还要立足于新时代，与时俱进，将科学融入创造性劳动，坚持科学技术的应用。发展和运用科学技术，不仅能够有效提高劳动效率，而且在使用科学技术的过程中运用思维，也契合对"创造性劳动"的定义。由于学生学龄段的不同，科学技术在劳动教育中的运用程度应该遵循量力性、经常性、连续性原则，也就是根据学生对科学技术知识的理解和掌握程度，按照从易到难、从简到繁的原则开展创造性劳动教育。

---

① 苏霍姆林斯基.公民的诞生[M].黄之瑞，张佩珍，姚亦飞，等译.北京：教育科学出版社，2002：382.

三、劳动教育综合育人功能的具体内容

　　劳动教育是素质教育的重要一环，其深远意义不仅在于提升学生的实际操作能力，更在于塑造学生健全的人格和价值观。在中小学阶段，劳动教育更是扮演着不可或缺的角色，它不仅是学生掌握劳动技能的途径，更是学生形成正确劳动价值观的关键。劳动教育将体力劳动与脑力劳动巧妙结合，使学生在劳动中锻炼体魄，在思考中启迪智慧。

（一）校内劳动：知识与情感的双重培养

　　校内劳动是学生日常生活的一部分，不仅为学生提供了实践劳动技能的平台，还在潜移默化中影响着学生的情感和价值观。学生在参与教室的清洁工作时，不仅学会了保持环境的整洁，还在劳动中体会到了责任和担当。这种责任感不仅体现在对环境的维护上，还体现在对同学和教师的帮助中。当学生主动帮助他人，做一些力所能及的事情时，他们的心中会充满成就感和自豪感，这种情感的培养是单纯的课堂教育无法替代的。

　　校内劳动也是学生锻炼脑力的重要途径。学生在参与班级板报设计、学校活动方案制定以及班级建设献策等活动中，不仅发挥了自己的创意和想象力，还在团队合作中学会了沟通和协作。这些脑力劳动不仅提升了学生的综合素质，还为他们未来的学习和生活奠定了坚实的基础。

（二）校外劳动：品质与能力的全面提升

　　校外劳动作为学校教育的延伸，为学生提供了更广阔的实践平台。在家庭自我服务劳动中，学生学会了独立生活的基本技能，如整理房间、购买日用品等。这些看似简单的劳动，实际蕴含着深刻的教育意义。学生在劳动中学会了自我管理，养成了良好的生活习惯，更在劳动中体会到了家长的辛劳和付出，从而更加珍惜家长的劳动成果。

　　校外劳动也是学生提升创新思维能力的重要途径。学生在进行劳动

时，不仅要完成基本的体力劳动，更要思考如何把事情做得更快更好。这种思考的过程，其实就是一种创新思维的锻炼。学生在劳动中发现问题、解决问题，不断提升自己的思考能力和创新能力，为未来的学习和工作奠定了坚实的基础。

社区性公益劳动则培养了学生乐于助人的品质和社会责任感。学生在参与社区环境整顿、马路清扫、植物绿化等公益劳动中，不仅为社区的环境美化做出了贡献，还在劳动中体会到了付出的快乐和满足。这种快乐和满足，是学生从内心深处感受到的，是任何物质奖励都无法替代的。此外，学生在参与志愿服务工作时，如去敬老院给老人讲故事等，不仅锻炼了自己的沟通能力和表达能力，更在服务他人的过程中体会到了生命的价值和意义。

（三）校内外劳动教育：育人于无形中

劳动教育不仅是一种教育方式，更是一种教育理念。它通过劳动这一载体，将知识、情感、品质和能力融为一体，实现了对学生的全面培养。在劳动中，学生不仅学到了实用的技能，更体会到了生活的真谛和人生的价值，这种体验是任何课堂教育都无法替代的。劳动教育还是一种隐性的教育方式，它在不知不觉中影响着学生的思想和行为，使学生在劳动中逐渐形成正确的价值观和人生观。这种隐性的教育方式，往往比显性的教育方式更加深入人心，更加持久有效。劳动教育还是一种具有时代意义的教育方式。在当前社会，随着科技的快速发展和生活水平的不断提高，人们对劳动的认识和态度也在发生着变化。劳动教育正是培养学生正确劳动观念的重要途径，它使学生在劳动中认识劳动的价值和意义，从而更加珍惜劳动成果，更加尊重劳动人民。所以，劳动教育综合育人的具体内容涵盖了知识、情感、品质和能力等多个方面。它通过校内劳动和校外劳动两种形式，实现了对学生的全面培养。同时，劳动教育是一种隐性和具有时代意义的教育方式，它在无形中影响着学生的思想和行为，为培养合格的公民奠定了坚实的基础。因此，教育工作者应高度重视劳动教育在中小学阶段的作用和价值，充分发挥其在育人中的重要作用。

四、劳动教育的综合育人功能实践路径

（一）增强学生劳动观念，激活劳动教育综合育人的活力

第一，对学生劳动观念的培养有助于其形成正确的价值观。价值观是个体对客观事物及自身行为结果的意义、作用、效果和重要性的总体评价，是推动并指引个体做出决定和行动的原则和标准。劳动作为人类生存和社会发展的基石，其观念的形成对于个体价值观的塑造具有举足轻重的作用。通过培育劳动观念，个体能够更深入地理解劳动的价值和意义，从而形成正确的价值判断和行为准则。劳动不仅是一种体力或脑力活动，更是一种对社会的贡献和自我价值的实现途径。通过劳动，人们能够体验到辛勤付出后收获的喜悦，理解到劳动的价值和意义。这种价值观的形成有助于学生在日常生活中更加珍视劳动成果，尊重劳动者，从而形成积极向上、健康向善的人生观和价值观。

第二，对学生劳动观念的培养有助于提高其实践能力和创造力。学生参与劳动活动，不仅能够锻炼动手能力，还能够培养解决问题的能力。在劳动过程中，学生需要面对各种挑战，通过思考和创新找到解决方案。

第三，对学生劳动观念的培养有助于增强其团队合作意识和社交能力。在劳动过程中，学生通常需要组成小组或团队，共同完成任务。在这个过程中，他们需要相互沟通、分工协作，学会倾听他人的意见，尊重他人的想法，同时需要表达自己的想法和观点。这种团队合作的经验能够帮助学生建立起良好的团队合作意识，明白团队的力量是无穷的，只有团结一致，才能取得更好的成果。此外，劳动为学生提供了与不同背景、不同性格的人接触和交往的机会。在劳动中，他们需要与人打交

道，处理人际关系，解决冲突和分歧。这种社交经验能够帮助学生提高社交能力，学会与人交往、处理人际关系的方法，为将来的生活和工作打下坚实基础。

（二）提高学生劳动能力，夯实劳动教育综合育人的基础

第一，提高劳动能力有利于学生身心健康。提高劳动能力有助于增强学生的身体素质。通过参与各种劳动活动，学生能够得到充足的体育锻炼，从而促进身体机能的提升。提高劳动能力可以培养学生的良好生活习惯。通过参与劳动，学生能够意识到劳动的重要性，并逐渐形成勤劳、自律的生活习惯。这些习惯不仅有助于学生的身体健康，还会对他们的学习和生活产生积极的影响。提高劳动能力可以增强学生的自信心和意志力。在劳动过程中，学生需要面对各种困难和挑战，通过克服这些困难，他们可以逐渐建立起自信，增强意志力。这种自信和意志力不仅有助于学生在劳动中取得更好的成绩，还可以帮助他们在生活中面对各种挑战和困难。

第二，提高劳动能力有助于增强学生的社会责任感和使命感。劳动不仅是个人的生存手段，更是对社会的贡献。通过参与劳动，学生能够体验到劳动的价值和意义，理解到劳动成果的来之不易，从而更加珍惜和尊重他人的劳动成果。劳动还能够让学生体验到为社会做出贡献的成就感，培养他们的社会责任感和使命感。提高劳动能力还有助于提升学生的综合素质。劳动不仅能够锻炼学生的体魄，还能够培养学生的意志品质和团队合作精神。提高劳动能力还能够促进学生的全面发展。劳动不仅是学生获取知识和技能的途径，更是他们实现自我价值和社会价值的方式。通过提高劳动能力，学生能够更好地适应社会发展的需求，为未来的职业发展和人生规划打下坚实的基础。

（三）培养学生劳动习惯与品质，充分发挥综合育人的作用

第一，学校要建立健全劳动教育体系，要将劳动实践活动，如建立

校园劳动实践基地、教授学生劳动工具的使用方式、组织劳动兴趣小组、学习传统劳动等融入日常教育中，使其成为课程体系的一部分，以此来培养学生的劳动意识和劳动习惯。同时，在校外开展寒暑假夏令营、社区劳动活动，让学生当志愿者或组织其前往各场馆担任义务讲解员，体验不同的职业劳动和服务劳动，为学生提供展示和提升自我的平台。这些活动不仅有利于增强学生对劳动价值的认同，也能让他们在实践中感受到劳动的乐趣和成就感。

第二，要创造一个好的家庭教育环境。家长的引导和教育方式会对学生的劳动习惯和品质产生深远的影响。为了促进学生的全面发展，家庭应当为学生创造更多的劳动机会，鼓励他们参与家庭劳动，体验劳动的价值和意义。例如，家庭规划集体劳动时间，引导孩子从叠衣擦桌这种简单的劳动开始循序渐进学习并从事劳动，家庭成员相互表扬等。通过培养小学生劳动习惯和品质，激发其智力，增强其体力，挖掘其发现美的能力，树立其品德，并使其掌握一定的劳动技能，这是劳动教育的应有之义。

（四）培养学生的劳动精神，深化劳动教育综合育人的意识

第一，加强低中高段衔接。在小学低段培养学生自立自主的劳动精神，从学生收拾整理自己的笔袋、书包，自己穿衣、吃饭等做起。小学中段培养学生团结进取的协作精神，从自我转向小组、班级、家庭等团体，为集体荣誉出力流汗，如大家一起参加扫除、班级值日，和父母一起参加日常生活劳动等。小学高段培养学生服务他人的奉献精神，劳动区域逐渐转向学校、社区、社会，共同参与社会实践、社区劳动、志愿服务等，培养其服务他人、奉献社会的劳动价值取向。[1]

第二，发展新的劳动基地。要因时制宜，因地制宜，充分挖掘适合

---

① 张雪晨.小学生劳动习惯养成的现状及策略研究[D].沈阳：沈阳师范大学，2022：49.

小学生的教育资源，如山间植树、农田种菜、花圃种花等，让劳动精神融入劳动体验中，凝结于劳动服务中。劳动基地的建设，能够让学生在集体劳动的交流与合作中体验劳动，体会劳动带来的收获与满足，从而激发学生的劳动热情。同时，可以挖掘现有教育基地中蕴含的劳动精神教育资源。例如，依托现有的爱国主义教育基地、科普教育基地等，挖掘中国共产党人精神谱系中的劳动元素；以革命烈士、文化名人、科学家的真实生活和经历，展现百年来劳动形式的演变与整个社会生产力的发展，使小学生深刻感知到劳动者创造社会历史的主体地位。

第三章　劳动教育校本课程的开发与设计思路

　　校本课程是以学校为本位、由学校自己确定的课程，它与国家课程、地方课程相对应。以校为本的劳动教育实践为学校全面贯彻党的教育方针、落实立德树人根本任务、建立劳动教育长效机制提供了各种可能。小学劳动教育校本课程要在塑造学生劳动价值观和劳动精神的基础上，培养学生的劳动习惯，锻炼学生的劳动技能，使其发展自理、自治能力。

一、劳动教育校本课程研究概述

　　"校本课程"是一个外来语，最先出现于英、美等国。在当前教育形势下，校本课程成为新课改的重点。校本课程，又称为学校课程，是学校在确保国家课程和地方课程有效实施的前提下，针对学生的兴趣和需要，结合学校的传统优势及办学理念，充分利用学校和社区的课程资源，自主开发或选用的课程。[①]

---

① 安文丽，许建华，章婧.贯通：走向绿色生态的校本路径 [M].南京：河海大学出版社，2021：224.

（一）劳动教育校本课程内涵

在青少年培养过程中，劳动教育是不可缺失的一环。实施劳动教育校本课程的重点是在系统的文化知识学习之外，有目的、有计划地组织学生参加日常生活劳动、生产劳动和服务性劳动，让学生动手实践、出力流汗，接受锻炼、磨炼意志，培养学生正确的劳动价值观和良好的劳动品质。劳动教育校本课程有利于促进学生全面发展，有助于学校落实立德树人根本任务，有利于实现中华民族伟大复兴，培养高素质劳动者。劳动教育校本课程以劳动为核心，开展劳动教育是实现学生健康成长的必要途径，通过劳动教育树德、增智、强体、育美，培养学生良好的劳动习惯和劳动品质，培育学生正确的劳动观念。

学校在开展劳动教育课程时要在理论上深刻理解和把握劳动教育的基本内涵，积极采取有效举措，切实强化劳动教育，在实践中深刻领悟和体会劳动教育的综合育人功能、实施劳动教育的侧重点以及劳动教育的培养目标。广大教育工作者把握劳动教育的育人导向，始终坚持以人民为中心的发展理念，遵循育人规律，增强育人实效，要安排学生从事一些力所能及的家务劳动和必要的社会劳动，学生在成年后，要从事一些重体力劳动，真正强化他们的劳动意识。[①]

（二）我国劳动教育校本课程开发现状

进入新时代以来，劳动教育逐渐被纳入国民教育体系，成为与德育、智育、体育、美育并行的五育之一。我国用"五育并举"高度强调劳动教育。与以往强调劳动教育不同的是，新时代不仅注重对劳动教育价值的重新彰显，而且赋予了劳动教育许多新的内涵，这给新时代教育注入了新的元素，也对新时期德育提出了全新的要求。

---

① 范涌峰.新时代劳动教育课程的现实样态与逻辑路向 [J].教育发展研究，2020，40（24）：28-35.

为了贯彻落实相关精神，中共中央、国务院发布了《关于全面加强新时代大中小学劳动教育的意见》，随之教育部也印发了《大中小学劳动教育指导纲要（试行）》。这是目前国家层面关于劳动教育比较重要的两个纲领性文件。这表明，从国家层面来讲，劳动教育已经有了比较完整的顶层设计。

二、劳动教育校本课程存在的问题

劳动教育校本课程在认知、开展和设置等方面存在一定的问题，为了解决这些问题，需要加强对劳动教育的理论研究和实践探索，提高教师和学生的认知和理解能力，优化课程设计和开发，加强课程实施和评价的监督和管理，以确保劳动教育校本课程的有效实施，促进学生的全面发展。

（一）劳动教育校本课程实施未得到重视

要充分发挥劳动教育中的育人价值需要较为完善的劳动教育体系，这一条件并不是所有学校都具备。育人价值的体现相对于学生成绩和升学率来说，成效较慢且不明显，而且劳动教育按照规定时长实施对于提高学生文化课成绩并没有直接帮助，甚至会占用学生的文化课学习时间。此外，升学的追求也影响了家长对劳动教育的态度，一些家长对学校劳动教育的态度是"孩子中考、高考又不考劳动，我们认为还是文化课更重要一些，所以在家也不想让孩子动手做家务"。

（二）劳动教育校本课程形式不多样

一些学校开展小学劳动教育不是为了培养学生的劳动素养，而是让学生参加班级和校园的清洁卫生及校园绿化工作。这不仅不能发挥劳动应有的作用，反而会让学生厌恶劳动。另外，一些学校还将劳动当作毕业班的一种放松途径，以劳动调节学生的学业压力。还有一些学校将劳动教育化为学生的"才艺秀场"，将劳动教育等同于陶艺、剪纸等技艺的学习与展示，这一做法窄化了劳动教育的内涵，一定程度上将劳动教育娱乐化，不利于培养学生的劳动素养。

（三）劳动教育校本课程资源利用不充分

劳动教育涉及内容广泛，这在一定程度上说明劳动教育所能利用的资源十分丰富，家庭、学校以及社区都有可待开发和可利用的教育资源，但目前小学劳动教育对这些资源的开发和利用状况并不理想。虽然相关政策文件不断强调社会劳动实践基地的建设，实际上可供利用的社会劳动教育场所资源也十分丰富，但是从总体来看，一些学校对这些劳动教育资源的开发和利用状况并不理想。此外，对家庭、社会劳动教育资源不充分的开发利用，也使小学劳动教育内容单调，形式单一，劳动教育场所以学校为主，教育内容以打扫卫生为主。对于活泼好动、更倾向于在活动与教学相结合过程中学习的小学生来说，这种教育内容和形式难以调动其主动性，从而影响了劳动教育效果。

三、劳动教育校本课程现状的原因分析

劳动教育校本课程实施中遇到的问题有课程内容不够贴近学生实际、与生活脱节，以及课程设置不合理等。这些问题导致学生缺乏参与兴趣，影响了教育效果。要想改进这些问题，应增强课程内容的生活化，加强实践环节，合理安排课程设置。

（一）劳动教育校本课程内容开发不充足

一些学校在教学过程中更加关注学生的文化课成绩，将智力教育作为教学重点，而劳动教育所获得的资源相对较少；对于劳动教育，只注重一些简单的体力劳动，缺乏文化内涵和思想教育；个别教师甚至将体力劳动作为惩戒的手段，忽视了劳动教育所蕴含的精神价值。这种现象不仅不利于学生的职业发展和素质提升，还很容易让学生失去对劳动和创造的热情。

（二）劳动教育校本课程与生活联系不紧密

劳动教育校本课程旨在培育学生的劳动观念与技能，但当前一些劳动教育校本课程与生活联系不够紧密。例如：在课程内容设置上，部分劳动教育校本课程注重理论讲解或特定技艺传授，如一些学校设置了剪纸、陶艺等传统手工艺课程，但这些课程只是传授技巧，未与日常生活的应用场景结合起来；在教学场景与资源方面，部分劳动教育校本课程受限于校内场地与设施，如农业劳动课程，学校虽设有小型种植园，但规模与真实的农业生产环境相去甚远，学生难以接触大规模农业生产中的现代化设备、技术及面临的实际问题；在校外资源利用方面，家庭和社区资源未能有效整合到课程中，学生在家庭劳动中积累的经验无法在校本课程中得到深化与拓展，社区中的丰富劳动资源，如工厂、手工作坊等也未能成为课程实践的延伸场所，使劳动教育局限于学校，与学生的生活空间割裂开来。

（三）劳动教育校本课程设置的单一性困境

劳动教育校本课程不仅能传授劳动技能，更能塑造学生正确的劳动价值观。然而，当下劳动教育校本课程设置呈现出单一性特征，限制了其育人作用的充分发挥。从课程类型来看，部分学校的劳动教育校本课程集中在传统手工制作与简单农事体验方面，如开展剪纸、编织等手工课程，或者设置校园小菜园让学生进行蔬菜种植。这类课程固然能让学生初步接触劳动，但类型过于单一，缺乏对现代社会多元化劳动领域的展现。课程内容深度与广度不足也是一大问题，如对于传统工艺课程，学校往往只是简单教授基本制作步骤，学生完成一件作品后，未能深入探究其背后的文化内涵、艺术价值及与其他学科知识的关联。此外，劳动教育校本课程在跨学科融合方面也有欠缺，如在手工制作中，没有引导学生运用数学知识计算材料比例、成本等。

四、劳动教育校本课程开发与设计思路

解决劳动教育校本课程问题，应强化人们对劳动教育的认识，使其明确劳动的重要性；加强课程内容与生活的联系，让学生在实际操作中体验劳动的价值；课程设置应多元化，以满足不同学生的兴趣和需求，提升课程的吸引力和实效性。

（一）强化人们对劳动教育校本课程开发的认识

劳动教育不仅是培养学生劳动技能和动手能力的重要途径，更是培养学生正确价值观和人生观的重要环节。将劳动教育校本课程纳入教育方针，制定相关政策规范劳动教育的实施，不仅可以保障劳动教育在教育体系中的地位，还能在社会范围内引起人们对劳动教育的广泛关注。再通过加强宣传教育，在社会范围内形成重视劳动的气氛，可以使大家充分认识到劳动教育校本课程的价值和意义，从而提高对劳动教育的认识程度。

（二）加强劳动教育校本课程与生活的联系

劳动教育校本课程的内容设计应与学生的日常生活紧密相关。因此，教育工作者应结合日常生活设计劳动教育校本课程。例如，选择一些学生熟悉的、与日常生活息息相关的劳动技能和知识作为教学内容，如家务劳动、园艺种植、手工制作等。这样不仅能激发学生的学习兴趣，还能让他们更好地理解和应用所学知识。又如，组织一些实践活动，使学生在实践中更好地理解和掌握劳动技能，如安排学生到农场或园艺基地进行实地考察和学习，让他们亲身体验劳动的过程，体会劳动成果之美。再如，鼓励学生参与家庭劳动，如打扫卫生、整理房间、烹饪等。家庭不仅是学生生活的重要场所，也是劳动教育的重要阵地，学生通过参与家庭劳动，不仅能培养良好的劳动习惯和家庭责任感，还能更好地理解劳动意义和价值。

（三）劳动教育校本课程设置多元化

劳动教育课程体系应具有综合性、实践性、开放性、针对性。因此，在构建小学劳动教育课程体系时，应兼顾横向和纵向两个方面。在横向上，劳动教育课程体系应包括正式课程与非正式课程。在构建劳动教育正式课程时，应注意到劳动教育内容的丰富性以及劳动教育较强的实践性。非正式课程指的是"崇尚劳动、尊重劳动的校园活动、校园环境和校园文化"，因此在构建劳动教育非正式课程时应注重校园文化和氛围的建设。在纵向上，要注重打破学科间的壁垒，与各个学科建立联系，发掘其他课程中蕴含的劳动教育因素。

此外，在进行劳动教育时还可以促进体育及美育等的发展，实现"以劳树德、以劳增智、以劳强体、以劳育美、以劳创新"的目标，在新时代"五育并举"的基础上做到"五育融合"。构建小学劳动教育校本课程应在完成新时代对劳动教育所提出的新要求的同时，处理好与其他各育的协同关系。

自中华人民共和国成立以来，在时代发展的推动以及对劳动教育的重要意义认知的不断深化下，小学劳动教育处在不断的发展变革之中。从最初教育方针中的"德智体"到如今的"德智体美劳"，新时代教育方针的"五育并举"体现了劳动教育在育人体系中地位的变迁；从课程设立之初的"手工劳动课"到现在的"劳动教育课"，展现了小学劳动教育在内容以及价值取向的目标转变。目前，我国劳动教育的目标已经回归人的主体，劳动教育是为实现人的全面发展，使人获得幸福生活。在这个目标的指引下，小学劳动教育将会结合时代进一步发展。但是，在看到劳动教育获得发展成就的同时，不容忽视的是目前小学劳动教育还存在一些不足。在新时代对劳动、劳动教育高度重视的背景下，探索适切的小学劳动教育模式，建立有效的政策供给机制，构建家、校、社会多元一体的协作发展体系，以促进小学劳动教育的常态化、长效化实施，是当前发展劳动教育的重要任务。

第四章　小学生特色化劳动素养培育构想创新

　　劳动素养是指学生在学习与劳动实践过程中逐步形成的适应个人终身发展和社会发展需要的正确价值观、必备品格和关键能力，主要包括劳动观念、劳动能力、劳动习惯和品质以及劳动精神。光谷第二十五小学基于学校办学基础，提出五育融合特色化"千卉课程"的劳动素养培育构想。下面将对"千卉课程"进行深入分析，旨在为其他教育机构和教育者提供有益的参考与启示，推动教育创新与发展。

　　劳动是中华民族的传统美德，是生活的基础，是幸福的源泉，也是每个人走向成功和辉煌的途径。"千卉课程"是学校建设实施的以培养学生劳动素养为主要目标，整合家校社、融合各学科、强化实践学习的校本课程，其核心概念是"以劳带全"，即以实施劳动教育实现五育融合、教学相长、共建共享。

一、"千卉课程"概述

（一）"千卉课程"的基本理论

　　"千卉课程"的命名，呼应学校教师研训教课程体系的"百花课程"。

"千"寓意万千学子;"卉"取自"春日迟迟,卉木萋萋"(《诗经·小雅·出车》);"千卉",字中有花,饱含对万千学子的美好期待。

该校原有办学理念为"三雅"教育,即雅言、雅行、雅趣。2020年,该校在原"三雅"教育办学思想基础上,提出"和雅"教育办学理念。"和雅"教育的"和"有三层含义:一是"人和",即凝聚学校办学力量;二是融合地域文化和光谷高新技术文化;三是契合了新时代教育目标追求。"和雅"教育的"雅",是追求"行为儒雅、语言文雅、情趣高雅"的人格文化理念。"和雅"教育引领着学校的发展,也提升了师生的文雅之气,形成了一股向心力和凝聚力,办学呈现出一种活跃的生命气象。该校以基于教师发展的"百花工程"和学生成长的"千卉课程"为依托,描绘"共同创造美好"的办学愿景,推进学校内涵发展。

(二)"千卉课程"的建设背景

1."千卉课程"发展劳动教育,培育社会主义建设者和接班人

《中共中央 国务院关于全面加强新时代大中小学劳动教育的意见》指出:"劳动教育是中国特色社会主义教育制度的重要内容,直接决定社会主义建设者和接班人的劳动精神面貌、劳动价值取向和劳动技能水平。"但是,有些青少年在劳动教育方面出现了一些问题,如不珍惜劳动成果、不想劳动、不会劳动等,劳动的独特育人价值在一定程度上被忽视。对此,全社会必须高度重视,采取有效措施切实加强劳动教育。

2.践行劳动育人,学校集合资源提供有力保障

该校围绕省编教材《劳动教育》,在分析教材内容的基础上,提出开发具有校本特色的"以劳带全"、推进五育融合的"千卉课程"的新思路。该校现有厨艺教室1间,工艺教室1间,录播室1间、智慧教室1间、演播室1间,同时配备500平方米种植园、300平方米养殖园,还拥有面积较大的劳动教育实践场地和全面丰富的教育资源制作基地。除此之外,花山街道紧密有效的家校社共建机制以地缘关系为基础,成功集结了花

山街域内各种组织资源、行政资源、社会资源、文化资源、人才资源和物质资源等。

（三）"千卉课程"的课程本质

"千卉课程"是以培养学生劳动素养为主要目标，整合家校社、融合各学科、强化实践学习的校本课程，具有鲜明的思想性、突出的社会性和显著的实践性。

1. 指向劳动素养

《义务教育劳动课程标准（2022年版）》指出，劳动课程要培养的核心素养，即劳动素养，主要是指学生在学习与劳动实践过程中逐步形成的适应个人终身发展和社会发展需要的正确价值观、必备品格和关键能力，是劳动课程育人价值的集中体现，主要包括劳动观念、劳动能力、劳动习惯和品质、劳动精神。在小学一到六年级开展"千卉课程"，能让学生在劳动实践中培养劳动素养，让劳动教育发挥更好的育人作用。

2. 突出实践体验

"千卉课程"以劳动项目为载体，实现丰富多样的实践方式，让学生直接参与劳动过程，亲历情境、亲手操作、亲身体验，经历完整的劳动实践过程，通过动手实践、出力流汗，接受锻炼、磨炼意志，增强劳动感受，体会劳动艰辛，分享劳动喜悦，掌握劳动技能，养成劳动习惯，提高动手能力和发现问题、解决问题的能力，发展创新意识，培养学生正确的劳动价值观和良好的劳动品质。

3. 注重整合优化

"千卉课程"注重以习近平新时代中国特色社会主义思想为指导，挖掘劳动在树德、增智、强体、育美等方面的育人价值，以人的全面发展为目标，构建了科学合理、丰富多样的劳动教育内容，形成了家庭、学校、社会协同育人的劳动课程体系，实现了以"千卉课程"整体统筹

资源、整合评价、整体推进，促进学生全面成长、学校全面发展的办学目标。

二、"千卉课程"的建设目标与思路

为将"千卉课程"的设计理念落到实处，切实践行劳动育人，必须明确其课程建设目标和建设思路。在总体方面，"千卉课程"以习近平新时代中国特色社会主义思想为指导，以中央纲领文件为标准；在具体方面，"千卉课程"紧密结合学生身心发展特点和学校已有条件，打造切实可行的建设方案。

（一）课程建设目标

1. 总体目标

开发具有"和雅"教育校本特色的指向小学生劳动素养培育的"千卉课程"，整体建构"千卉课程"实施模式，并通过"千卉课程"的实施，有效培育学生的劳动素养，实现"以劳带全"促进五育融合，提升学校发展品质。

2. 具体目标

（1）围绕日常生活劳动、生产劳动和服务性劳动，以《中共中央 国务院关于全面加强新时代大中小学劳动教育的意见》为指导，以《义务教育劳动课程标准（2022年版）》为标准，以省编教材《劳动教育》为基础，在分析《劳动教育》课程内容的基础上，兼顾一至六年级劳动教育的衔接性与内容的系统性，确立"千卉课程"课程框架，建构课程内容体系。

（2）统筹家庭、学校、社会，融合各学科，开发建设系列课程资源。围绕"千卉课程"建设实施，整合优化育人资源，推进学校五育融合。

（3）探索指向小学生劳动素养培育的"千卉课程"实施途径、策略，整体建构具有校本特色的"千卉课程"实施模式。

（4）在课程实施过程中，培养学生的劳动观念、劳动能力、劳动习惯与品质以及劳动精神，有效提升学生的劳动素养。

（二）课程建设思路

1.总体思路

以习近平新时代中国特色社会主义思想为指导，充分挖掘劳动在树德、增智、强体、育美等方面的育人价值，围绕日常生活劳动、生产劳动和服务性劳动，统筹家庭、学校、社会，融合各学科，开发建设系列课程资源，促进五育融合、教学相长、共建共享。

（1）树立指向学生劳动素养培育，形成家庭、学校、社会协同育人机制的劳动课程体系，促进"人的全面发展"的课程目标。

（2）围绕日常生活劳动、生产劳动和服务性劳动，兼顾一至六年级劳动教育的衔接性与内容的系统性，确立"千卉课程"课程框架，建构课程内容体系。

（3）统筹家庭、学校、社会，融合各学科，开发建设系列课程资源，组建由教师、学生、家长及社会机构人士共建共享的课程资源包，由中心组推广引领，扩大辐射范围，形成不断更新的生长型课程资源，丰富学校课程，提升教师课程领导力，促进五育融合、教学相长、共建共享。

2.具体思路

（1）确定课程目标：明确"千卉课程"的培养目标，包括培养学生的环保意识、对生态系统的理解能力、动手能力等。确立明确的培养目标，有利于后续课程内容和教学活动的设计。

（2）设计课程内容："千卉课程"的内容应当融合环境教育、植物科学、生态学等多个领域的知识要素，涵盖植物的生长特点、生态环境保护、种植技术等内容。同时要关注课程内容的实用性和趣味性，以激发学生的学习兴趣。

（3）教学方法与手段：教师可以采用实地考察、植物种植实验、小组合作等多种教学方法，帮助学生深入了解植物生长的过程，培养学生对自然的热爱和保护意识。同时，可以利用多媒体、实物模型等教学手段，提高课程的趣味性和有效性。

（4）教师培训与指导：为了保证"千卉课程"的有效开展，学校需要对相关教师进行培训和指导，提高教师的教学水平和专业素养，使其能够更好地组织和开展"千卉课程"。

（5）评价与反馈：建设"千卉课程"还需要建立相应的评价体系，对学生的学习情况和课程效果进行评估，及时调整和改进课程内容和教学方法。

（三）课程建设可行性分析

学校"千卉课程"自 2020 年酝酿至今，师生全员参与，校内外深度整合，已确定课程结构及分年级课程内容和实施路径，课程资源不断生长，五育融合、教学相长、共建共享的新样态正在蓬勃绽放。课程建设可行性具体表现在以下几个方面：

1. 课程结构完善，实施路径清晰

经过一段时间的酝酿与实践，学校已经确定了"千卉课程"的结构，以及分年级的课程内容和实施路径。这使课程的开展更具系统性和针对性，能够满足不同年龄段学生的需求。

2. 五育融合显著，促进学生全面发展

"千卉课程"注重五育融合，围绕"以劳带全"推进五育融合，实现了以劳树德、以劳增智、以劳强体、以劳育美、以劳创新的目标。这种融合性的教育方式有助于培养学生的综合素质，促进他们德智体美劳全面发展。

3. 健全人格培养，奠定人生幸福基础

通过"千卉课程"的实施，学校不仅关注学生的知识技能学习，还注重培养学生的健全人格。这种教育理念有助于学生在成长过程中形成积极的人生态度和正确的价值观，为他们的终身发展和人生幸福奠定基础。

三、"千卉课程"实施策略

"千卉课程"的实施策略丰富完备，建立了完善的劳动素养课程体系结构，包含学校、家庭、社会等多个方面，甚至包括劳动实施的具体方案。为检验劳动教育学习成果，"千卉课程"同时配备了全面的课程评价体系，使学习效果有所反馈。

（一）精细设计教学模块，优化课程整体结构

以"千卉课程"为总领，打造多模块学习形式，并将其分解为专题学习、课堂学习、家庭学习、社会实践、劳动验收、级校展评等多个板块，以此为路径开展课程建设。与此同时，整合学校活动、年级活动、学科活动、班级活动，以及常规和特色活动课程，分年级、学段统筹规划，促进课程的整体推进。

1.生活劳动课程内容

（1）新生课程。由学校骨干班主任集中建设课程资源，以一年级新生校园学习生活习惯为主要内容，由一年级班主任、辅导员组织，开学预备周时间实施"萌芽"专题教育课程。

（2）家庭学习。以"武汉东湖新技术开发区中小学日常劳动教育清单"为参考，按年级安排生活自理、家居生活劳动等劳动技能学习，每月一个项目内容，教师、学生、家长共同建设学习资源包，定期推送，学生自学或在家长帮助下学习实践，汇报分享成果，全员参与，互学共进。

（3）学科融合。挖掘整合各学科与劳动观念、劳动能力、劳动习惯和品质、劳动精神相关的内容，由学科组牵头，以年级或年段为单位，固定时段组织劳动实践和展示活动，内容涵盖生活劳动和生产劳动，以

及部分服务性劳动。

（4）社团活动。社团活动分两个类别：校级精品社团、班级"千卉"社团。

校级精品社团：学校拟重点打造的社团，如种植养殖社团、工艺制作类社团以及由部分专职术科教师组成的特色社团。

班级"千卉"社团：以班级为单位开展的指向学生劳动素养的专题社团。以工艺制作类为主，切合学生实际，兼顾趣味性、可实操性；整体设计学期内容，制定培养学生劳动技能的目标，确保每一个学生的参与体验，争取实现师生技能提升，且有较大占比、较高质量的作品呈现。

（5）劳动验收。依据劳动教育学段目标，结合学生实际，由德育部门以年级为单位组织生活劳动和生产劳动相关劳动技能验收，方式为单项技能比赛或项目式任务验收，全员参与，每学期两次。

2. 生产劳动课程内容

（1）劳动教学。以省编《劳动教育》教材内容为依据，选取部分教学内容，以"武汉东湖新技术开发区中小学日常劳动教育清单"为参考，补充部分内容。建设教学资源包，以每周一节劳动教育课为阵地，由专职教师执教。

（2）级校展评。以年级为单位，或以全校为单位组织展评。年级活动可整合劳动验收、学科融合活动，全校性活动主要为春季学期"千卉课程"巡礼（劳动周）及秋季学期主题"阅兵"活动，营造浓厚课程氛围，不断积累创新，打造年级、学校品牌活动。

（3）班队活动。以年级为单位设置月主题内容，以班级为单位组织实施，用班队会时间集中开展劳动教育主题学习实践，由班主任、辅导员团队建设课程资源，并负责实施。

3. 服务性劳动课程内容

（1）班级"人人有岗"。每个学生一个岗位，引导学生积极参与班级管理，积极进行自我管理。每个学生都承担一份责任，人人有事干、事事有人干，让合适的人到合适的岗位上，引导他们的个性获得积极自主的发展，使每个学生在班集体中都能充分发挥作用。

强化实施设计，通过培训、竞岗和评价，保障值岗效果，提升问题解决、协商合作、沟通交流的能力，树立学生的责任意识，提升领导力，培养起学生正确的世界观、人生观和价值观。

（2）社会实践。以年级或年段为单位组织，以社区、校外教育基地为主要阵地，以参观学习、拓展演练、角色体验、项目学习等实践体验形式为主，整体规划，定时间、定内容，每学期组织开展。

（二）优化课程实施策略，高效提升教学质量

1.确保课程时间

首先，突出班队活动、社团活动、学科融合活动等劳动教育主题，提高教育活动效度；其次，挖掘利用家庭教育、校外实践等时间资源；最后，有效整合校内外学习实践活动，整体规划，优化整合，确保"千卉课程"实施时间。

2.丰富课程阵地

首先，在校内已有种植园、养殖园、小厨房、小剧场、录课室等活动阵地基础上，继续整合、优化课程阵地建设，打造"千卉课程"校内生态园；其次，依托区域共享教育资源，拓展"千卉课程"；最后，注重家庭、社区教育阵地建设，实现处处是课程阵地。

3.建设课程资源

组建一个多元化的课程资源包，不仅要涵盖教师、学生、家长的智慧，还要积极吸纳社会机构人士的建议，由中心组负责推广和引领，通过其影响力推动课程资源的广泛辐射和共享，致力打造一个不断更新、充满活力的生长型课程资源平台，以适应教育领域的快速发展和变化。

4.突出五育融合

站在核心素养培育的更高层次上确立五育融合的育人目标，让劳动教育在一种交融共生的教育生态中释放出本身的活力。以学科融合为基础路径，以任务群劳动活动为载体，充分发挥劳动综合育人功能，切合学生社会生活实际，从培养学生劳动习惯入手，提高学生的劳动素养，培养他们勤奋学习、自觉劳动、勇于创造的精神。

5.强化整体推进

将"千卉课程"分解为专题学习、课堂学习、家庭学习、社会实践、学校活动、学科融合、展示评价等多个板块内容，整合学校活动、年级活动、学科活动、班级活动，以及常规和特色活动课程，统筹规划，整体推进。

（三）完善课程评价体系，全面评估教育效果

为了全面而有效地评价学生的劳动表现，学校计划对现有的"送你一朵小红花"评价体系进行优化和丰富，采取多元化评价方式，注重多元化评价主体，强调多元化评价内容。特别是对于"爱劳动"这一评价项目，将采取更为具体和细致的评价办法，以期更好地引导学生参与劳动，培养学生的劳动精神。

1.细化和具体化"爱劳动"评价标准

设置多个子项，如参与劳动的积极性、劳动过程中的责任心、团队合作的能力等，并为每个子项设定明确的评价标准。通过这种细化的标准，可以更准确地评估学生在劳动中的表现，从而为他们提供更有针对性的指导和建议。

2.推动集体评价

学校可以通过展示活动促使学生的劳动成果得到认可和欣赏。对此，可定期组织劳动成果展示活动，让学生在活动中展示自己的劳动成果，让他们的劳动价值得到大家的认可。这不仅可以提高学生的自信心和成就感，还可以激发他们更积极地参与劳动。

3.重视多维度评价

学校应特别关注学生参与劳动的过程、参与度、成果积累以及活动效应。这些方面都是评价学生劳动表现的重要指标。通过关注这些方面，不仅可以更全面地了解学生在劳动中的表现，还可以为他们提供更有针对性的指导和帮助。

（四）"千卉课程"建设与实施的初步成效

1.丰富了校园生活

"千卉课程"的建设和实施丰富了校园生活，劳动教育社团有序开展，增设生命教育课程融入劳动体验，让学生在快乐中成长。

以各班级为主要阵地开设的"千卉课程"班本社团，切合学生实际，主打工艺制作，兼具实操性与趣味性。教师整体设计学期内容，制定培养学生劳动技能的目标，确保学生的全员参与和劳动体验。师生校园生活呈现丰富灵动的新样态。

2.融合了德智体美

在"千卉课程"建设与实施的探索中，学校注重以学科融合为基础路径，以任务群劳动和展示活动为载体，充分发挥劳动教育的综合育人功能，实现五育融合。

例如，三年级学生"系红领巾、系鞋带"等生活劳动内容的实施，从班队会的专题学习对劳动意识、习惯和品质的引导，到家庭学习对劳动能力的培养，再到课堂学习创意分享，最后组织年级全员集中开展劳动验收，创意展评。又如，五年级野餐会、六年级帐篷夜等项目活动，活动方案、筹备、进行、小结等全部由学生团队合作完成。他们需要考虑交通、饮食、安全、互助、文体活动等诸多细节，活动的趣味性、实践性、挑战性让学生兴奋又认真。这一系列活动确保了劳动教育的系统性、综合性和有效性，实现了德智体美劳有机融合，润物无声。

3.促进了教学相长

"百花""千卉"两大课程体系的合力并行，促进了校园教学相长的教育生态的发展。"百花课程"助推教师素养提升，增强了校本课程师资力量。"千卉课程"班本社团，让教师的学习得以延续和传递，促成了师生的共学共研，共生共长。

4.促进了融会贯通

"千卉课程"统整了新生课程、班队活动、人人有岗、课堂学习、学科融合、社团活动、劳动验收、家庭学习、社会实践、级校展评等十个课程路径，整合优化育人资源，实现了国家、地方、校本课程的相互融合，激活了校园内外资源，促进了学科组与年级组的联动、家校社的共建共享。

首先，在整合校内场地器械资源的同时，密切联系社会生活，整合家校社等区域教育资源，集智借力挖掘利用相关资源，丰富了学习场景和路径；其次，拓展教育思维，让更多与教育相关的人参与课程建设与实施；再次，促进了劳动教育与全学科的融合渗透，以及学科特色内容的开发和补充；最后，坚定了学校建好用好数字资源的意识，打开了构建学校校本课程资源库的工作视野和思路，营造了人人都是劳动者、处处都是劳动教材，能者为师、物尽其用的教育实践氛围，初步实现了"千卉课程"的特色化实施。"千卉课程"已然在武汉市光谷第二十五小学欣然绽放出"共建共享和雅教育生活"的蓬勃生长样态。

校本课程的开发是教育迎接21世纪挑战的一种回应，是贯彻落实政策文件、实施素质教育对学校提出的必然要求，是学校充分发展办学优势和特色，促使学生和谐发展继而推动社会发展的一项基本建设。光谷第二十五小学在校本课程的建设与实施中，不断优化指向小学生劳动素养培育的"千卉课程"，有利于学校校本课程内容体系的建构升级、五育融合的特色化实施、教育资源的高效整合、育人模式的优化统筹，以劳动教育推进五育融合、深化教学相长，为全省其他学校提供了共建共享的建设新思路。学校需要意识到，凝聚力量建设劳动教育不仅是为党育人、为国育才的根本需要，更可以打造成学校的一张名片，成为学校生命成长的新气象。通过充分发掘校内外相关资源，拓展更多的劳动教育建设者和实施者，促进劳动教育和其他学科的融合渗透，打造一整套科学完备的劳动教育体系，每个学校都可以探索出适合自身发展需求的"千卉课程"，形成磅礴的教育合力，让劳动教育千卉万朵、遍地开花。

第五章　区域劳动教育共同体建设成效与推进

2020年3月，《中共中央 国务院关于全面加强新时代大中小学劳动教育的意见》发布，指出"将劳动教育纳入中小学国家课程方案和职业院校、普通高等学校人才培养方案，形成具有综合性、实践性、开放性、针对性的劳动教育课程体系"。2020年7月，教育部关于印发《大中小学劳动教育指导纲要（试行）》的通知（教材〔2020〕4号）明确指出，发挥劳动的育人功能，强化劳动观念，亲历实际的劳动过程，面向学校，重点针对劳动教育是什么、教什么、怎么教等问题，细化有关要求，加强专业指导。根据《义务教育劳动课程标准（2022年版）》，劳动课将正式成为中小学的一门独立课程，该课程标准还强调实施，并根据教育目标，针对不同学段、类型学生的特点，以日常生活劳动、生产劳动和服务性劳动为主要内容开展劳动教育。

一、区域劳动教育共同体建设取得的主要成效

（一）健全了学生劳动教育的实施机制

劳动教育实施机制是指组织和规范劳动教育活动的方式和程序。建

立合理的机制对于劳动教育的顺利实施具有重要意义。实施工作机制的重要性不言而喻。合理的实施机制能帮助教育工作者规范劳动教育工作流程，明确每个环节的职责和任务。有效的实施机制可以加快劳动教育工作进程，让工作流程更加顺畅，节约时间和资源。

一方面是完善组织机制。2020 年 7 月，教育部印发《大中小学劳动教育指导纲要（试行）》，阐释了劳动教育的性质和基本理念，明确了劳动教育的目标和内容，提出了关于小学、初中、普通高中、职业院校、普通高等学校这些不同学段对劳动教育的具体要求。这些要求涵盖了从生活起居到劳动生产，从日常实操到理论巩固等诸多方面。合乎实情地提出了具有可操作性的劳动教育途径，要求独立开设劳动教育必修课，在学科专业中有机渗透劳动教育，在课外校外活动中安排劳动实践，在校园文化建设中强化劳动文化。

另一方面是完善劳动教育评价体系，结合过程性评价和结果性评价，发挥评价的育人导向。这包括平时表现评价、学段综合评价、开展学生劳动素养检测，并将劳动素养纳入学生综合素质评价体系。即将劳动教育的平时表现评价作为学生学年评优评先的重要参考；将劳动教育的学段综合评价结果作为学生升学、就业的重要参考；充分发挥劳动教育监测结果的示范引导、反馈改进等作用。这既保证了劳动教育评价体系的公平性，又加深了劳动教育的重要性。

（二）加强了学生劳动教育课程体系的建设

学校是劳动教育的实施主体，应根据国家相关规定，结合当地和本校实际情况，对劳动教育进行整体设计、系统规划，形成劳动教育总体实施方案。方案要明确劳动教育目标内容、课时安排、主要劳动实践活动安排、劳动教育过程组织。

一是理论学习与实践操作并举，中华人民共和国教育部要求各级教育部门开展劳动教育课程，并强调理论学习和实践锻炼都是劳动教育的必要内容。理论学习重点在于让学生了解"劳动最光荣""劳动创造世界"等思想以及与劳动相关的法律。实践锻炼则是将所学知识真正运用于实际，并且培养相应的劳动技能，让学生形成良好的劳动习惯、劳动精神。学校在规划劳动教育课程时，要理论与实践并举，以理论培育正向劳动思想、劳动精神，以实践丰富劳动技能再作用于劳动思想。

二是劳动教育渗透其他教育活动，正如《大中小学劳动教育指导纲要（试行）》中指出的那样："在开足专门劳动教育必修课的同时，中小学劳动教育必修课实践环节中与综合实践活动的社会服务、设计制作、职业体验重叠部分，可整合实施。"

（三）强化了学生劳动教育条件要素支撑

我国为基层劳动教育做出了巨大努力，从不同渠道完善了劳动教育的基础设施建设，为一线教师提供了丰富且高质量的教学资源，同时不断推进劳动教育专业教师培养进程，旨在为劳动教育输送更多的专业教师。

一是加强劳动教育资源，如在国家中小学智慧平台上开设劳动教育板块，为一线教育工作者提供劳动教育课程资源，提高劳动教育课程开展的可行性以及示范性；中国大百科全书出版社新媒体中心打造了专门的劳动教育资源平台，遵循了教育部印发的《义务教育劳动课程标准（2022年版）》基本原则。两者都汇聚了大量劳动教育视频、科普文章等资源，全方位立体地呈现劳动场景及其过程，帮助教师解决劳动教育教什么、怎么教的问题。

二是加强劳动教育师资队伍力量，建立专兼职结合的劳动教育师资队伍，将劳动课设置为必修课，规定中小学每周课外活动与家庭生活中的劳动时间。在师范院校开设劳动教育课程，培育专职劳动教育教师，并且开展相关课题研究，保证劳动教育教师队伍的稳定与发展。

三是建立校外劳动教育基地，国家对劳动教育基地有相关补贴政策，农业研学教育基地只要有一块地和一间教室就可以申报，申报成功后可以享受国家补贴，补助标准为每名学生每年几十到几百元不等，助力劳动教育基地的建设发展。

二、区域劳动教育共同体建设存在的主要问题

（一）家校社共育的协同性不高

加强学生劳动教育，家庭、学校、社会要共育。当前存在的一些现象，反映出家庭、学校、社会共育的协同性有待提高。学校对学生劳动教育的普及程度不够高；部分学生参与家庭劳动时间不够；家长与学校合作进行学生劳动教育不足。

1.学校对学生劳动教育的普及程度不够高

笔者近期对湖北省 6 727 名小学生和 6 793 名中学生进行了学生劳动教育事宜的问卷调查。调查显示，参与过综合实践活动课程的学生占比为 18.6%，参与过劳动与技术课程的学生占比为 13.2%，偶尔参加学校与劳动实践有关的兴趣小组或社团活动的学生占比为 22.1%。对于家务劳动类型的掌握情况，会打扫卫生与清洗餐具的学生分别占比 96.10% 与 84.40%；会垃圾分类、照顾长辈或弟妹的学生分别占比 66.80% 与 57.70%；至于对购买家庭用品、做饭、家庭种植饲养、家庭物品的简单维修、缝补衣服等技能的掌握，比例依次递减，分别为 43.90%、40.90%、27.00%、19.40%、18.30%；会做其他家务劳动的学生占比为 5.03%。这些数据说明，学校对学生劳动教育的普及程度不够高，学生所会的家务劳动类型也有一定的局限，不能掌握稍微复杂或者精细化的劳动类型。

2.部分学生参与家庭劳动时间不够

笔者在对调查问卷做整理后发现：对于"你在家会做什么家务？（多选题）"这一问题，回答"打扫卫生"的学生占比为 12.60%，回答"收拾碗筷"的学生占比为 18.50%，回答"帮助做饭"的学生占比为 12.30%，

回答其他劳动项目的学生均不超过 17.60%。对于"每周累计做家务时长"这一问题，超过 85.30% 的中小学生表示每周平均家务劳动时长在 2 小时及以下，其中 67.52% 的学生做家务时长在 1 小时及以下，34.92% 的学生做家务时长不超过半小时。这说明，大部分受访中小学生平均每周家务劳动时间不足。

3. 家长与学校合作进行学生劳动教育不足

笔者在对调查问卷做整理后发现：对于"学校是否邀请家长合作组织过劳动教育活动？"这一问题，回答"偶尔有"的学生占比为 18.3%，回答"很少有"的学生占比为 35.2%，回答"从来没有合作过"的学生占比为 41.1%，回答"经常有"的学生占比仅为 5.4%。这在一定程度上说明学校、家长忽视了劳动教育的重要性，使学生很少参与日常家务劳动，即家长与学校合作进行学生劳动教育存在一定的不足。

（二）劳动实践与学科课程的融合不足，有待加强

只有将劳动实践与学科课程深度融合，才能有效地培养教育学生。但是，当前劳动实践与学科课程的融合度还有待加深。例如，劳动教育内容并未与其他学科课程进行有效融合，课程的设置不够规范，一些学生对劳动的不良认知并未在劳动教育课程中得到有效纠正。

1. 劳动教育内容并未与其他各门学科课程进行有效融合

现在跨学科教学内容的融合主要集中在语文、美术、历史、政治等学科课程上，而劳动教育内容与其他各门学科课程内容融合得较少。且由于将教劳结合中的"劳"与劳动教育相混淆，因此在理论中一直存在对劳动教育与德育、智育、美育、体育相并列的争议。实际上，中小学语文、历史、道德与法治等学科课程教学是可以与马克思主义劳动观、劳动态度、劳动安全、劳动法规等相融合的，中小学物理、化学、生物、地理、科学、技术等学科课程教学是可以与学生劳动的科学态度、规范意识、创新精神、操作能力和劳动技能的培养相融合的。

2.劳动教育课程设置不够规范

学生劳动教育的重要性决定了需要设置规范的劳动教育课程，然而现在各地各校劳动教育课程的设置有一定的随意性。一项针对301所小学的调查显示，有30所小学无人任教劳动课，占调查学校总数的10%；有人担任劳动教师，但大多数为兼职教师的学校，占调查学校总数的71.4%。且较少有教师备课，学校对任课教师及劳动课的检查指导也不足，正是基于此，劳动课的实施明显存在不足，这些都体现了劳动教育课程设置不够规范。

3.一些学生对劳动的不良认知没有在劳动教育课程中得到有效的纠正

调查问卷显示，有52.0%的学生承认缺乏吃苦耐劳的精神，有38.6%的学生承认在劳动中存在投机取巧的问题，有9.4%的学生承认存在拒绝劳动的心理。在校内开展劳动教育大多是在保护学生安全的前提下开展一些浅显的劳动，仅仅完成了形式上的劳动教育，而非重视学生在劳动教育过程中所学习到的正确劳动观念。

（三）劳动教育实践基地功能与现实需要的适应性有待增强

加强学生劳动教育，需要有与之相适应的劳动实践基地。然而现在存在有些劳动实践基地功能不健全、师资匹配不足、基地管理不规范等问题，比较难以适应加强学生劳动教育现实的需要。

1.劳动实践基地功能不全

有的学校有劳动实践场所，但使用项目单一，有的学校甚至没有固定的劳动实践场所，这种劳动的功能也无法得到保障。

2.劳动教育基地的师资配备不足

有些学校的劳动教师存在空缺现象，部分学校是由班主任兼任劳动教师，劳动教育基地的劳动课程教师常常临时由其他课程教师兼任。在一个调查数据中，301 所小学有 30 所小学无人任教劳动课，占调查学校的 10%，即使有人担任，大多数也为兼职，占调查学校的 71.4%。

3.劳动教育实践基地的管理不规范

课题组调研中发现有些学校的劳动教育实践基地缺少明确的操作规程，有些学校的劳动教育实践基地管理制度不健全，教育管理部门也缺少针对学校劳动教育实践基地的管理规定。

（四）学生劳动素养评价考核的规范性有待优化

规范地对学生劳动素养进行评价考核，是加强学生劳动教育工作的重要环节。当前在对学生劳动素养进行评价考核中存在一些不规范的现象，如不注重劳动素养评价考核、考核机制不规范、考核过程结果不够透明。

1.有些学校对学生劳动素养评价考核重视不够

虽然《中共中央 国务院关于全面加强新时代大中小学劳动教育的意见》中提出要强化劳动素养评价考核，然而在调查中发现，41.4% 的学校没有明确劳动素养评价考核，37.6% 的学校没有认识到综合素质评价是劳动教育评价的主要载体。

2.有些学校对学生劳动素养评价考核的机制不规范

有些学校并没有将过程性评价与结果性评价结合起来，同类学校对学生劳动素养评价标准、评价程序和评价方法表现出较大差异。调查表明，学校缺乏对劳动课的考查及对教师本人的考核，对学生劳动知识技能的掌握情况重视程度不够，缺乏多种形式的考察形式。劳动竞赛组织安排得轻描淡写，偶尔进行，这一现象占调查学校的 53%。学校对劳动教师的考核形式单一，使这些教师工作积极性不高。

3.有些学校对学生劳动素养评价考核的透明度不高

《中共中央 国务院关于全面加强新时代大中小学劳动教育的意见》强

调要建立公示、审核制度，确保记录真实可靠。把劳动素养评价结果作为衡量学生全面发展情况的重要内容，作为评优评先的重要参考和毕业依据，同时作为高一级学校录取的重要参考或依据。但是有些学校仍没有建立起系统的学生劳动素养评价考核的公示、审核制度，难以确保记录真实可靠。

三、推进区域劳动教育共同体发展的建议

（一）成立大中小学劳动教育研究联盟，完善学校劳动教育资源开发机制

劳动教育资源开发需要依靠教育行政部门进行整体规划和顶层设计。教育行政部门领导下成立的劳动教育研究联盟，以互帮互助、共建共享为前提，开发各大中小学优势资源，交流各大中小学劳动课程建设的经验，深挖湖北新时代劳动教育内涵，进而推动校本课程体系构建，形成劳动教育主题开发的研究共同体。一是关注大中小学劳动教育研究联盟的体系构建，明确该联盟的组织建构和运行机制，成立管理组和实践组。二是提升大中小学劳动教育联盟的研究意识，根据各学校劳动课程的开发现状、特点和实施方式开展理论学习与探讨。三是丰富和拓展大中小学劳动教育研究联盟的资源共建机制，将劳动教育纳入学生综合素质评价体系，并作为大中小学特色评价指标和实践教育视导的考评内容。

（二）加强劳动观念塑造与领导力，确保劳动教育全面实施路径

根据教学中遇到的问题和学生现实生活的成长需求，自主设计与开发劳动教育课程的类型、主题与内容。区域劳动课程的价值、目标与内容来源于学校发展诉求、教师专业成长和学生全面发展，劳动教育的开发更能彰显课程的育人本色，增强课程的实践育人功能。一是转变教师的劳动课程观念，教师要树立"立德树人，实践育人"的教育观，依据

课程的基本要素，推进湖北新时代大中小学劳动教育课程的统筹建构，充分发挥大中小学劳动教育的综合育人功能。二是提升教师的劳动教育领导力，唤醒教师对劳动教育的领导意识，从顶层设计出发正确规划教师领导力。劳动教育研究联盟可以利用政府—企业—学校运行机制，积极构建教师教育合作共同体，以课题研究为载体，帮助教师科学开发劳动教育内容，确定劳动教育目标，制定课程纲要和实施方案，合理选择评价方式和实施场所，提升教师劳动教育观念和课程领导力。

（三）合理配置劳动教育课程资源，形成大中小学劳动教育共享资源包

深入挖掘湖北区域和校际优势资源，创新劳动教育开发系统运行模式，除了显性的精品课程案例、劳动实践基地以外，还有隐性的课程开发经验和劳动文化资源。构建劳动教育资源共享体系，以基础性和拓展性课程为主线，将劳动教育课程与研学旅行结合起来，将研究性学习与创新劳动结合起来。同时，要注重运用"互联网 +"模式解决区域冲突。各区域大中小学可以采用"一对一"帮扶、兄弟学校结对、劳动教育基地共建共享等模式来强化劳动课程的价值目标、实施过程、评价手段，构建科学系统的课程共享体系。劳动课不同于学科课程，其鲜明的社会性、实践性和日常性决定了学校课程统筹规划的重要性和必要性，因此应指导学校加强对课内外劳动实践和劳动教育周的规划，使学校明确每项内容的活动目标、活动时间、活动阶段及流程、所需课时、指导教师、所需资源、评价方式及依据等。

大中小学劳动教育课程教师不仅要深刻理解和把握湖北新时代劳动教育的基本内涵和五育并举的辩证关系，而且要具备一定的专业技能。要丰富教研内容和形式，使教师成长为复合型、技能型的专业教师，保障劳动教育课程的高质量稳步发展，同时改进培训内容。教研部门要根据教师目前对劳动教育认识不足、教学方法与实践技能缺乏等问题，组

织高质量培训，切实提升教师的课程开发和实践水平。

（四）建立劳动课程评价标准和制度，以评价促进学生劳动素养发展

对于劳动教育课程的常态实施，相比场所、设施设备、师资更重要的是劳动教育评价，要在指标体系中明确评价的内容和要求，加强过程性评价，注重劳动观念的评价。目前，有些区域尝试建立统整课程的评价指标体系，明确评价标准和制度，对加强课程的过程性评价起到了很好的规范和引导作用。评价指标体系包含 5 项核心素养，分解为 15 项一级指标、57 项二级指标，教师在每一项主题活动之后会根据评价指标对学生这 5 方面的核心素养进行表现性评价。此外，在期末阶段下发劳动教育与综合实践活动综合素质测评建议，指导学校以技能展示和表现性任务等形式测评学生综合素养的发展状况。科学实施劳动教育评价是湖北新时代大中小学劳动教育实践的重要课题，还需要教育行政部门和业务部门的进一步探索。

因地制宜打造特色鲜明的劳动教育示范性基地，形成一套劳动教育基地规划设计标准。挖掘一系列劳动教育的特色活动课程，构建劳动教育课程资源开发、方案打磨、交流与迭代的创新机制，探索劳动教育实践基地社会化运行模式，形成劳动教育实践基地运行指南。开发劳动教育实践基地优势资源，整合劳动教育基地优势资源开发指导手册，开展师资培训项目，探索大中小学劳动教育师资专业发展机制，为社会及劳动教育基地培养一批专业化的劳动教育师资。开发并验证基于"互联网＋"的劳动教育学分认定平台，形成一套大中小学劳动教育学分认定机制。

第二部分 基于劳动素养的主题 开发实践案例设计

实践案例一　萌宝课程初体验

【活动背景】

　　与幼儿园生活的轻松愉快相比，小学在学习、生活方面的难度明显提高，要求学生掌握更多的技能和功课，这些更严的要求往往会让学生、家长变得焦虑。本项目主要针对一年级刚入学新生，促使学生在教师、家长、同学的帮助下，在学习、生活方面掌握吃饭、睡觉、整理、打扫、排队等基本技能，使其逐步成长为合格的小学生。

　　希望通过本项目，帮助一年级新生从幼儿园生活平稳过渡到小学生活，在轻松、有效的新生课程中，让学生掌握简单的劳动技能，培养学生正确的劳动价值观，提升学生的自理能力，为新学期顺利进行教育教学活动做好准备，使学生成为懂劳动、会劳动、爱劳动的时代新人。

【活动目标】

　　认知目标：养成按时进餐、不挑食的习惯。做到不挑食、不剩饭，用餐时不讲话、讲卫生，用餐后有序摆放餐具、保持桌面及周围整洁。养成早睡早起、保证充足睡眠时间的好习惯。通过活动让学生了解和学会擦桌子、擦玻璃、扫地和拖地等家务劳动。

　　行为目标：吃饭前先洗手，吃饭时专心吃，吃饭后讲卫生。睡前整理好自己的物品，并摆放整齐。睡前洗漱干净，睡觉姿势正确。强化学生自然的、正确的走步姿势。

　　情感目标：通过劳动感受他人做家务劳动时的辛苦，初步意识到做好值日就是热爱班集体。通过整理房间，能对物品进行分类、整理和收纳，使学生掌握一些基本的劳动技能，热爱劳动生活。

【适用年级】

本活动适合小学一年级学生。

【活动过程】

板块一　吃饭睡觉有诀窍

会吃饭，会睡觉对小学生的成长至关重要。小学生应做到不挑食、不剩饭，早睡早起，不睡懒觉。教师应从日常生活着手，帮助小学生适应小学生活，完成从幼儿到小学生的蜕变。

一、目标

（1）养成按时进餐、不挑食的习惯。做到不挑食、不剩饭，用餐时不讲话、讲卫生，用餐后有序摆放餐具，保持桌面及周围整洁。

（2）吃饭前先洗手，吃饭时专心吃，吃饭后讲卫生。

（3）睡前洗漱干净，养成早睡早起的好习惯，保证充足的睡眠时间。

二、学一学

（1）睡前洗漱干净，养成良好习惯。

（2）吃饭的时候不说话，专心慢慢吃饭。

三、活动过程

（一）用餐文明我能行

1.观看视频《肚子里的小人》

想一想，你用餐时是怎样的？用餐时要注意什么？

2.创设情境——我是小小营养师

教师出示图片，播放视频，让学生扮演我是小小营养师的角色。

3.设置考核关，发起挑战

出示职业技能证书，设置考核关向学生发起挑战。

4.考核第一关——营养健康不挑食

教师展示提前准备好的蔬菜样品，让学生摸一摸，闻一闻，感受不同种类的蔬菜。

（1）分类比较：哪些是可以生吃的？哪些是必须熟吃的？

（2）讨论：你爱吃蔬菜吗？你最爱吃什么？

5.营养健康靠大家

教师展示油炸食品、腌制食品、碳酸饮料、方便类食品、"三无"食品、过期食品等图片。

（1）分类比较：给这些食品分类，哪些是"垃圾食品"，哪些是"有毒食品"？

（2）讨论：你喜欢吃这些东西吗？你知道这些食品对身体的危害吗？

6.游戏活动

找图比赛，将学生每4人分成一组，教师说出食品名称，学生拿出相应的图片，看谁说得又快又准。

7.考核小结

教师引导学生注意健康饮食，养成不挑食、不吃垃圾食品的好习惯。

8.考核第二关——餐前有准备

（1）餐前准备工作：一清、二铺、三洗、四等。

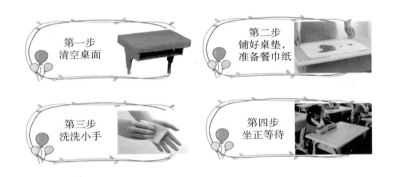

一清：安静、快速地将桌面所有物品收入抽屉或书包。

二铺：铺好餐垫，准备餐巾纸。

三洗：学会七步洗手法，把手洗干净。

四等：端正坐好，等教师打饭，小组长将餐食送到座位上。

（2）餐前背一背：背一背古诗词《悯农》，引导学生养成节约粮食的好习惯。

悯农

唐·李绅

锄禾日当午，汗滴禾下土。

谁知盘中餐，粒粒皆辛苦。

（3）餐前读一读。

吃饭时，坐端正。

右手拿勺子，左手扶着碗。

细细嚼，慢慢咽。

不挑菜，不剩饭。

自己吃饭真能干。

9.考核第三关——餐时我会做

比一比，看谁做得好。

不敲碗、不讲话，安静专心吃完饭，光盘行动我践行。

就餐时，将食物残渣等放在餐巾纸上（餐巾纸放在硅胶垫上），安静就餐。打汤每次只打半碗，避免泼洒。就餐结束后，将餐具整齐放于餐盒内，将食物残渣分类倒于指定容器。

10.考核第四关——餐后听指挥

（1）观看视频《用餐范例》。

（2）比一比，看谁做得好。

（二）课后推进，营养师的晋升之路

1.初级营养师——营养健康我守护，用餐文明我先行

（1）朗诵餐前准备口令，提前备好餐巾纸，铺好餐垫……

（2）安静专心吃完饭，光盘行动，食物残渣等放在餐巾纸上……

（3）将餐具整齐放于餐盒内，将食物残渣分类倒于指定容器……

总结：当你能严格按照餐前、餐时、餐后的要求做的时候，你就已经是一个合格的初级营养师了。

2.中级中餐管理员——我是教师好帮手

（1）当你能每天（持续一周）严格按照餐前、餐时、餐后的要求做，并且熟练掌握七步洗手法的时候，你就已经是一个合格的中级中餐管理员了。

（2）中级中餐管理员需要协助教师完成每天的分餐工作。教师打饭后，中级中餐管理员需要将餐食送到每个学生的座位上，你能做好吗？

3.高级文明营养师——用餐文明我遵守，光盘行动我行动

（1）教师引导学生分享在家、外出吃饭的餐桌礼仪。

学生自评，以下几项你能做到吗？

吃饭时，等餐桌上长辈动筷后再动筷。

夹菜时，要使用公筷，不要一直夹同一道菜，不要在菜盘里乱翻。

吃相要斯文，细嚼慢咽，喝汤时不要发出奇怪声响。

（2）当你能每天（持续一个月）严格按照餐前、餐时、餐后的要求做，并且在家也能保持餐桌礼仪的时候，你就已经是一个合格的高级文明营养师了。

4.教师总结评价，颁发职业技能证书

教师对学生的表现进行总结交流评价，并给表现优秀的学生颁发职业技能证书，以此鼓励学生。

5.自我评价

对照"静（安静）、净（干净）、尽（光盘）"三个标准评一评，在学校和在家里吃饭的时候，如果做到了就奖励自己一颗★。比一比，看看从周一到周五，你一共得到了几颗★。

（三）睡眠健康很重要

1.情景模拟一——在校睡觉

模拟情景，引出问题："现在是午休时间，老师请三位同学分别来演

示一下午休前、午休时和午休后三个情境，其他同学猜一猜他们做了哪些事？"

2.小组讨论，自由发言

教师鼓励各小组成员讨论并上台分享，对表现好的学生给予奖励。

3.总结提炼

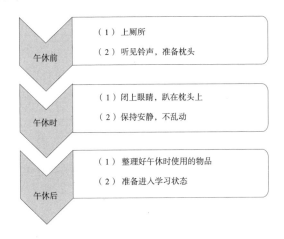

午休前	（1）上厕所 （2）听见铃声，准备枕头
午休时	（1）闭上眼睛，趴在枕头上 （2）保持安静，不乱动
午休后	（1）整理好午休时使用的物品 （2）准备进入学习状态

4.午休儿歌

上课铃声响，快快进课堂。

拉好窗帘关上灯，枕头放在桌子上。

双手放在下，小眼闭起来。

不动不响真安静，养足精神学知识。

5.情景模拟二——在家睡觉

情景模拟，发现问题："现在是晚上睡觉时间，老师请两位同学分别来演示一下睡觉前和睡觉后的两个情景，其他同学猜一猜他们做了哪些事？你能说说你会做什么、不会做什么吗？

6.小组讨论，自由发言

教师鼓励学生自由讨论睡觉前和睡觉后可以做什么，不可以做什么。

7.总结提炼

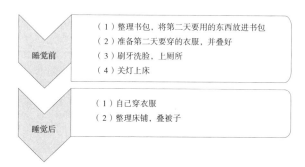

睡觉前
（1）整理书包，将第二天要用的东西放进书包
（2）准备第二天要穿的衣服，并叠好
（3）刷牙洗脸，上厕所
（4）关灯上床

睡觉后
（1）自己穿衣服
（2）整理床铺，叠被子

（四）技能学习

下面，我们一起来学两个小技能——叠衣服、叠被子。

1.技能学习一：叠衣服

叠衣服儿歌：

两只小手抱一抱（袖子水平对折），
点点头（把帽子向下折），
弯弯腰（领子和衣服下摆对折对齐），
我的衣服叠好了（整理叠好的衣服）。

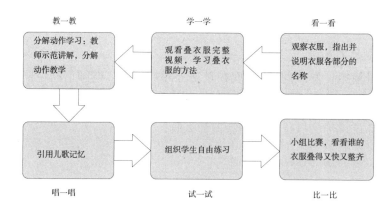

教一教　　　　　　　学一学　　　　　　　看一看

分解动作学习：教师示范讲解，分解动作教学　←　观看叠衣服完整视频，学习叠衣服的方法　←　观察衣服，指出并说明衣服各部分的名称

引用儿歌记忆　→　组织学生自由练习　→　小组比赛，看看谁的衣服叠得又快又整齐

唱一唱　　　　　　　试一试　　　　　　　比一比

2.课后延伸——技能学习二：叠被子

（1）观看视频教学《叠被子》。

（2）在家跟随视频学习。

3.自我评价

对照"在校有准备、静悄悄、手足安""在家洗漱好、放整齐、时间准"的标准评一评，如果做到了就奖励自己一颗★。比一比，看看从周一到周五，你一共得到了几颗★。

板块二　我的地盘我做主

整理是能把生活变得更美好的一种活动。整理就是按照一定的规则，把相对无序的东西变得和谐有序，符合需要或价值判断标准。在生活中，只要小学生持之以恒，有意识地进行整理，慢慢地就会形成按时认真整理的好习惯。

一、目标

（1）学生学会整理教室物品，规范教室物品摆放。

（2）学生学会整理家庭内务，做力所能及的自我服务劳动。

（3）养成良好的卫生和收纳习惯，让生活和学习环境井然有序。

二、学一学

（一）学习环境的整理

首先整理课桌椅，使桌椅每排每列之间的距离保持一致，横纵成一条直线。其次整理书包，将书包统一放在课桌的挂钩上或放在椅子靠背上。最后拿出书本，坐姿端正，开始朗读课文。

（二）课间整理（三清一推）

（1）一清桌面：整理上节课所用的学习用具，准备下节课的书本和学习用具，课桌上只摆放学习用品。

（2）二清书包：书本整齐放在书包里，学习用具分类收纳，各学科所用工具有序归纳，同等大小的书摆放在一起，常用书放外侧，无杂物，书包保持干净整洁。

（3）三清地面：检查地面是否有垃圾，如有，需及时清理。地面要经常保持干净，无纸屑、无灰尘。

（4）四推桌椅：离开座位时，需把椅子推进课桌下面，方便自己和他人出入。

（三）如厕整理

（1）文明有序排队，如厕时站对位。

（2）垃圾入篓，不往下水道扔垃圾。

（3）如厕结束后及时冲水，不浪费水资源。

（4）及时洗手，用"七步法洗手"，保持良好的卫生习惯。

（四）餐前、餐时、餐后整理

1.就餐前

（1）整理课桌桌面，摆好餐垫。

（2）养成饭前洗手的习惯。

（3）严格按照学校规定的就餐时间就餐。

2.就餐时

（1）文明就餐，讲秩序，不拥挤，不扎堆，不追逐打闹，不起哄。

（2）节俭就餐，节约粮食，杜绝浪费，珍惜劳动成果，不乱扔垃圾。

（3）爱护公物，爱惜公共财物，不乱挪隔板，不乱扔碗和饭勺。

3.就餐后

（1）注意饮食卫生，不浪费粮食，剩余饭菜倒在指定的收纳桶里，不得倒在厕所里或水槽里。

（2）有序排队结束用餐，碗筷放在指定的盒子里。

（3）用餐结束后及时洗手，及时清理桌面和桌垫。

（五）放学整理

（1）当放学铃声响起后，学生应迅速放下手中的东西开始收拾书包，大在下、小在上；书在下，本在上；上层摆放文具，零散物品单独放。

（2）收拾好书包，将椅子搬到课桌上。

（3）整理好书包，同时需要注意清理课桌抽屉，抽屉里的学习用品、生活用品等所有东西一律清走。

（4）值日生需要清扫地面，将课桌椅摆放整齐，整理垃圾桶，及时带走垃圾，并换好新的垃圾袋。

（5）跟随教师走出校门，走路过程中不掉队，不说话。

三、生活环境的整理

（一）早晨起床

（1）自己穿衣穿裤，整理着装。

（2）自己刷牙、洗脸等。

（3）将床铺收拾整齐，床上除被子、枕头外不放其他任何物品，玩具整齐摆放在衣柜里。

（4）整理衣柜，衣柜里的衣服整齐叠放，分类整理。放进衣柜里的玩具按照大小摆放，以便拿取。如果衣柜有空余的地方，需按时擦拭，保持清洁卫生。

（二）在家学习

（1）按时完成课后练习，做到不拖沓、不费时，在规定的时间内完成各科学习任务。

（2）做完作业后及时清理书桌桌面，书本、学习用具摆放整齐，按照大在下、小在上；书在下、本在上的原则整齐摆放。

（3）书柜整理：学习用书、课外书、练习本、文具袋等分类整理摆放在书桌里，书桌上的台灯和水杯摆放整齐，保持桌面清洁。

（三）劳动时间

（1）地面卫生打扫，先扫后拖，重点注意边角清扫。

（2）厕所卫生，地面干净无杂物，便槽内无积便，无污渍。

（3）拖布要离地放置，窗台无灰尘，厕所门干净无污渍，四周墙壁干净无污垢。

（四）比一比，看谁做得好

（1）谁的课桌椅摆放最整齐？

（2）谁的书包最干净整洁？

（3）谁能自己整理书包、抽屉、房间和玩具？

（五）评价

对照标准评一评，做到了，就奖励自己一颗★。

地点	评价标准	周一	周二	周三	周四	周五	总共几颗星
在校	到校整理（按时到校一颗星，干净整洁一颗星）						
	课间整理（整洁卫生一颗星）						
	如厕整理（规范如厕一颗星，卫生如厕一颗星）						
	餐前、餐时、餐后整理（餐盘干净一颗星，用餐规范一颗星）						
	放学整理（课桌整洁一颗星）						
在家	早晨起床（被褥折叠规范一颗星）						
	在家学习（认真学习一颗星，专注学习一颗星）						
	劳动时间（积极活动一颗星）						

板块三　劳动工具巧使用

"一屋不扫，何以扫天下？"

——《后汉书》

　　劳动不仅可以认识世界，还可以更好地了解自己。同学们，行动起来吧，让我们在劳动中获得生活的乐趣，形成积极的生活态度，形成辛勤、踏实的生活方式。劳动不仅是学生今后生活的需要，也是未来生存的需要，更是让其生命更好发展的需要。

一、目标

　　（1）通过劳动感受他人做家务劳动时的辛苦，初步意识到做好值日也是热爱班集体的一种方式。

（2）通过活动学会擦桌子、擦玻璃、扫地和拖地等。

（3）通过整理房间，能对物品进行分类、整理和收纳，学生能掌握一些基本的劳动技能，并养成热爱劳动、尊重他人劳动的品质。

二、学一学：劳动工具的使用

（一）扫帚和簸箕

我把扫帚手中拿，
两边垃圾中间靠。
我请簸箕来帮忙，
垃圾扫到簸箕中，
再往垃圾桶里倒，
扫帚簸箕送回家。
地面清扫真干净。

（二）拖把

两只小手握拖把，
一只水桶在身旁。
左右左右向后推，
从后往前里外拖，
地面干净我最棒。

（三）抹布

抹布叠成正方形，
一手抹布一手盆。

一下一下轻轻擦，
灰尘垃圾擦入盆。
洗净抹布擦一遍，
抹布叠成长方形。
变成推车来帮忙，
一来一回不漏掉。
桌子擦得亮晶晶。

（四）垃圾袋和垃圾桶

垃圾袋、垃圾桶，
　一对好朋友。
　你来套我来装，
帮忙来把垃圾装。
垃圾分类人人夸。

三、不同场地劳动工具的不同使用方法

（一）在教室

（1）"我"是地面担当。首先轻拿座椅，平放在桌子上，然后桌子对齐地缝，用扫把将教室地面上的灰尘和垃圾扫在一起。教室扫地要有序，从后往前、从里往外按组扫。其次用簸箕将垃圾铲干净倒入垃圾桶，最后冲洗、拧干拖布，拖洗地面，顽固污渍反复拖，清洁完毕后工具要有序摆放，最后打开窗户通风晾晒。

（2）"我"是黑板担当。首先用黑板擦将板书擦干净。其次用湿抹布擦干净黑板，湿抹布要保持既有水分又不往下滴水的状态，将湿抹布放在黑板最高处，由上往下，由左往右竖着擦，再横着擦黑板顶部和底部，

这样黑板擦完会焕然一新。最后将抹布洗干净拧干放好。

（3）"我"是讲台担当。首先清理粉笔盒，将盒中太短的粉笔扔掉，把不同颜色的粉笔按照色彩归纳。其次整理教辅用具和杂物。最后用拧干的湿抹布将讲台擦拭干净。

（4）"我"是垃圾整理担当。首先将地面打扫干净，将清扫出来的垃圾倒入垃圾桶，并将垃圾投放到学校垃圾回收处。其次清洗垃圾桶并晾干桶里的水分。最后将垃圾桶套上新的垃圾袋。

（二）在家里

（1）扫地、拖地。首先打扫书房和卧室，床底、角落也不能忘。客厅区域比较大，耐心扫完工程大；餐厅厨房油污多，想方设法处理它；桌子下面容易忘，千万记牢要打扫；扫完拖地很轻松，眨眼就能弄好啦。

（2）抹布用处大。首先擦书桌，将书桌上的物品整理整齐，有序摆放，整理完后将抹布清洗干净并拧干，再次擦干桌面、桌腿，有序擦拭，每一面都要擦到。其次擦拭衣柜、茶几、电视柜、餐桌等，依次擦拭，将擦拭的垃圾倒入垃圾桶，若抹布里有垃圾不能直接倒在地上，也应慢慢地抖落在垃圾桶内。最后将抹布清洗干净，通风晾晒。

（3）垃圾。首先将垃圾分类，其次及时清除家里的垃圾，将垃圾分类放在小区集中回收处，最后换上新的垃圾袋。

垃圾分类

垃圾分类就是好，蓝红黄绿干湿分。

蓝色回收又能卖，红色有毒又有害。

绿色剩菜瓜果皮，黄灰桶里放其他。

人人一定要记下，美化环境靠大家。

四、比一比

（1）谁是清洁小能手？

（2）谁是垃圾分类高手？

（3）谁的桌椅摆放得最整齐？

（4）谁的地面保持得最干净？

板块四　校园安全记心间

从幼儿时期的爬到走，最后到跑，这个过程虽然漫长，但这也是每个人必须经历的。从一个人走路到一群人走路，从慢走到快走，从随心所欲地走到齐步走、正步走，走路的过程也是一个人成长的过程。那么，在不同的场合我们应该怎么走路呢？

一、目标

（1）发展走路的兴趣和能力，培养终身锻炼的意识与习惯。

（2）学会在各种体态姿势下的正确走路方法，并灵活运用于生活中。

（3）让学生养成自然的、正确的走步姿势。

二、学一学：正确的走路姿势

（一）站姿

面向正前方，两眼平视，抬头挺胸，把手放松贴在大腿旁。两腿直立，双脚的距离与肩同宽。

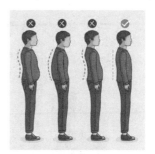

（二）走姿

正确的迈步动作，应以腰部为中心，向下带动大腿，再延伸至小腿与脚，向上则带动背部，甩开双臂，如同一棵行走的"大树"。

三、不同场地走路注意事项

（一）在学校

1. 楼梯间

（1）轻声、慢步、靠右行。

（2）手不摸墙，脚不蹭地，脚不踢墙，不踮脚，不踩别人，不踢别人，单排行走。

（3）上下楼梯不乱摸扶手，不踢栏杆，不滑楼梯，不跨越台阶，不打招呼，不向楼下扔杂物。

2. 教室

课桌摆放整齐，过道留有足够的空间方便通行。不得在过道里追逐打闹，同学之间应该相互礼让，慢慢行走。

（二）在公共场所

（1）学会看指示牌。

（2）一人行走时不要东张西望，尽量快速、轻声通过。

（3）多人行走时不要勾肩搭背，不要长时间与他人交谈，以免影响他人通行，堵住通道，应该自觉有序排成单队或双队通过道路。

（4）行走时不要快速跑步，以中速为宜。

（5）若遇残疾人要主动让路，必要时主动搀扶，绝不可与其抢道。

（6）行走时注意公共场所卫生，不要边走边吃东西，不要随地吐痰，不要随地乱扔垃圾。

四、安全走路的注意事项

（一）认识红绿灯

红绿灯：指示车辆和行人行进或停止的具有法律效力的交通指挥工具之一，由红灯、绿灯、黄灯彩色灯光信号组成。红灯表示禁止通行，绿灯表示准许通行，黄灯表示警示。安装在交叉路口的交通信号灯多为自动控制的信号灯，有的是固定周期，有的是变周期。

（二）在马路上"我"该怎样做

（1）严禁在路边玩耍和奔跑，十字路口要先观察左右，在安全情况下再通过。

（2）熟悉学校周围交通设施和交通规则，乘坐车辆时系好安全带，不乱动不乱跑。

（3）遇到交通事故应保持冷静，及时向教师或家长寻求帮助。

（4）穿越马路，要听从交通警察的指挥，要遵守交通规则，做到"绿

灯行，红灯停"。

（5）穿越马路，要走人行横道线，在有过街天桥和地下通道的路段，应自觉走过街天桥和地下通道。

五、比一比

（1）谁的站姿最标准？

（2）谁的走路姿势最标准？

（3）谁的交通安全知识掌握得最牢固？

六、评一评

对照标准互相评一评，做到了，就奖励小伙伴一颗★。

评价标准	周一	周二	周三	周四	周五
站姿标准					
走姿标准					
交通安全					

板块五　校园安全记心间

团结就是力量，当我们很多人同时做同一件事的时候，秩序就很关键了。那么，如何做到有序呢？首先一定是学会有序地排队，即按照顺序排好队，从矮到高，从前往后，当单个人变成一队人，一队人变成一个方阵，一个方阵成为一个团队，这就是力量。

一、目标

（1）了解简单的队形，听懂口令，培养正确的站姿。

（2）知道排队的重要性，学会正确的排队方法，不插队，不拥挤，前后、左右保持一定距离。

（3）学会在集体生活中与同伴友好相处，养成自觉排队的好习惯。

二、学一学

（一）排队姿势

首先做到快、静、齐，然后立正姿势等待口令，教师口令下达马上行动。

（二）排队要求

（1）按照身高顺序站成一路纵队，熟记自己的位置，不随意更换位置。

（2）听从指挥，自觉听从学校、教师的调度安排指令。上下楼梯保持安静，做到不出声、不牵手、不拉扯。

（3）迅速成立定姿势，做到不说话、不出声、不交头接耳、不左顾右盼、不勾肩搭背。

（三）课间排队

（1）做完眼保健操后，在本班走廊里整理好队伍，站两队。听到进场音乐后以齐步走的形式走向指定的场地。

（2）下楼梯以班为单位，每两人一组，眼睛朝下方看，无故不得突然停下，不得与周围同学勾肩搭背，或做出不安全举动。如果遇到其他班级下楼，后面的班级应该停下等候，等先走的班级走后再出发。

（3）学生到达指定地点后，先到达的班级原地踏步进行队伍调整，做到队伍横队、纵队对齐，等待教师下达做操口令。

（4）课间操做完后各班以班为单位退场，按照年级和班级的顺序退场，班与班之间要保持一定的距离，以齐步走形式走回教室。

（5）课间操做完后队伍在行进的过程中不得嬉戏打闹，不得推搡、拥挤，不准讲话，保持队列整齐。

（四）放学排队

（1）提前整理课桌和书包，教室内保持安静再出门，出门后有序排队，成四路纵队安静等待放学指令。

（2）排队要求：保持立正姿势。双脚并拢，双手置于裤子两侧，抬头挺胸，目视前方。不允许在队伍中乱动，不准讲话。

（3）每班前方指定一名班牌员，负责带领班级行进。教师位于队伍侧边，负责管理行进时的纪律。

（4）下楼梯时靠右行，不摸栏杆，不推搡。如果遇到其他班级下楼，后面的班级应该停下等候，等前面的班级走后再有序出发。

三、比一比

比一比哪个队伍"快、静、齐"做得最好？

（一）时间安排

时间	阶段	任务	评价模式
9月1日	预备期	课程准备	
9月第1周	学习期	课程学习	随堂评价
9月第2周	巩固期	边练边评（班级内部）	教师、家长评价
9月第3周	测评期	正式测评	以年级组为单位设置关卡集中测评
10月	对优秀者进行表彰		颁奖

（二）考核形式

以学习期为例，对照标准评一评，做到了，就奖励自己一颗★。

实践内容	周一	周二	周三	周四	周五
吃饭					
睡觉					
走路					
排队					
整理					
打扫					
留言板	我想说： 家长签名：				

四、反思总结

让学生回忆自己的表现进行反思。通过自我评价、互相评价、教师评价等形式，反思不足，总结方法，从而更好地总结经验、发现问题、探索改进的可能性。让学生深入思考活动过程中的得失，为今后的活动提供宝贵的经验教训。同时要注重表扬，以激发学生的积极性。活动反思是持续改进的基础，学生应通过不断反思，解决问题，养成良好的习惯，将所学落到实处。

实践案例二　智能灌溉小管家

【活动背景】

本项目基于真实的生活问题。通过科学课我们了解到植物的生长需要充足的水分，为了更好地种植植物，我们应该根据土壤的实际湿度给予适量的水分，但实际上我们在浇水的过程中面临着一些难题：①我们无法用肉眼实时精确地判断土壤的湿度，不清楚是否需要浇水；②我们不能随时随地在植物需要时浇水，如遗忘了、外出旅行等。

学校的劳动基地，面积为 500 平方米，如果由外聘人员负责浇水就需要花费一笔经费，如果交予班级学生负责又难免会使其在浇水过程中花费大量的时间，或者假期时无法来校负责。显然，浇水是我们在植物种植过程中需要解决的一个难题。那么，有没有一种可以自动浇水的装置呢？针对这些实际情况，我们希望利用 Arduino 设计制作智能灌溉小管家装置模型来解决问题。学生可以自己动手编程、设置参数，制作一套智能灌溉小管家装置模型，并基于 Scratch 编程与 Arduino 控制主板，使用土壤湿度传感器对土壤湿度进行监测，控制水泵进行浇水，从而达到自动浇灌的目的。

【活动目标】

认知目标： 学生以"小烦恼——谁能帮植物安然度夏？"为切入点，思考"能不能设计出一个装置，让它自动给植物浇水呢？"通过查阅资料引发对"自动浇灌"问题的关注。

行为目标： 小组分工合作，着重对"如何给植物自动浇水"这一难题进行讨论，获得创意"信息技术编程控制"。通过安装传感器、继电器、水泵等方法解决"不能自动浇水"的问题，并动手操作完成智能灌溉小管家模型制作。

情感目标： 通过设计、制作、改进智能灌溉小管家装置模型，培养学生的创新意识，提高其实践能力，使灌溉装置的运用更加智能、高效。小组成员互帮互助，积极交流，不断试错改错，沟通彼此的想法，有效提升交流能力和动手能力。

【活动准备】

教师准备：①准备枯苗诊断记录单、智能灌溉小管家装置记录单、样品测试单等学习活动用具；②准备工具材料包，包括矿泉水瓶、竹签（或一次性筷子）、吸管、吸水绳（弹力绳、棉线）、剪刀、美工刀、透明胶、双面胶、豆苗种子、育苗盆、灌溉装置材料包等；③整理枯苗诊断记录单课前调查数据。

学生准备：填写枯苗诊断记录单、智能灌溉小管家装置记录单、样品测试单。

【适用年级】

本活动适合小学五、六年级。

【活动过程】

一、提出问题——明确任务

（一）教师任务

（1）下发任务评估表，说明项目评估的标准。

（2）下发任务书，说明任务要求、活动主题和活动步骤。

（3）帮助学生分组。

（二）学生任务

（1）根据任务书制订智能灌溉小管家系统的计划。

（2）完成小组分工，撰写活动计划。

（3）明确活动目标，把握活动进程。首先参观校园的种植园，了解目前所种植的植物类型。学校的种植园既美化了校园环境，又丰富了学生关于植物方面的知识。但是，遇到炎热而又漫长的暑假，如果不及时给植物浇水，它们就会干渴而死。怎么办呢？谁能帮植物安然度夏？如果采用人工浇水的方式就需要花费大量的时间和成本，而且不能很好地控制浇水的量，为了节约人工成本、节省浇灌时间，是不是可以设计一个适应蚕豆生长的自动灌溉装置呢？其次学生讨论，对问题进行分解，形成思考路径和问题链。

二、准备阶段——搜集信息

（一）任务分配

1. 教师任务

（1）带学生进行实地考察，观察农业生产中灌溉技术的实际应用。

（2）向学生讲解其中比较难理解的湿度传感器原理相关知识点。

（3）为学生提供信息搜集的场地和资源，并指导其填写相关资料信息。

2. 学生活动

（1）观察并记录实际生产中农业灌溉的技术运用。

（2）通过网络搜索农业灌溉、智能灌溉小管家的相关资料。

（3）探究湿度传感器、控制器的工作原理和构造。

（4）认真学习教师所补充的相关电路知识。

（5）筛选信息并总结完成信息记录表。

3.教师引导学生解决问题

在明确项目任务后，教师要求学生了解蚕豆的种植技术及幼苗的习性，再通过走访、询问、实地参观和网络查找灌溉装置资料，了解灌溉装置的知识。然后，教师组织学生讨论，提出跟设计有关的各种问题，鼓励学生思考。根据学生所提的问题，教师引导总结，得出本次项目待解决的问题。

（二）信息搜集

1.种植园里的蚕豆的习性

（1）在不同生长阶段，蚕豆对温度的要求不同。种子发芽的适宜温度为 16～25 摄氏度，在营养生长期所需温度较低，最低温度为 14～16 摄氏度，开花结实期要求 16～22 摄氏度。

（2）蚕豆喜温凉湿润气候，不耐炎热，不耐涝。土壤以疏松深厚、肥沃的黏土或黏壤土为宜。

（3）蚕豆是深根、直立、固氮的作物，与其他作物搭配套种。如蚕豆＋青菜、蚕豆＋马铃薯。

2.蚕豆培育对水的需求

（1）蚕豆种子较大，播种前需先进行催芽。具体方法：种子浸泡 2～3 天，有小芽了再种到地里，覆土深度 2～3 厘米。

（2）播种后 1～2 天要充分供水。幼苗生长达 3～4 片真叶时即可移栽。

3.智能灌溉小管家的优点

（1）节水：应用于滴灌、喷灌等灌溉方式上，不仅比传统浇灌方式更加节水（节水50%以上），而且可以提高灌溉均匀度。

（2）省力：节省劳动力，一人可管理几十亩、上百亩地的灌溉作业。

（3）防病：大棚内作物很多病害是土传病害，随流水传播。例如，辣椒疫病、番茄枯萎病等，采用滴灌可以直接有效控制土传病害的发生。此外，滴灌还能降低棚内的湿度，减轻病害的发生。

（4）控温调湿：冬季使用滴灌能控制浇水量，降低湿度，提高地温。传统沟灌会造成土壤板结，使土壤通透性变差，作物根系处于缺氧状态，造成沤根现象，而使用滴灌则可避免因浇水量过大而引起的作物沤根、黄叶等问题。

（5）水肥均衡：采用滴灌，可以根据作物需水需肥规律随时供给，同时能促进植物对养分的吸收。

4.生活中常见的灌溉装置的组成部分

（1）可编程控制器：负责发出和接收各种运行程序指令，是整个控制系统的中枢部分。

（2）传感器：负责采集土壤里的湿度信号，判断是否需要灌溉。

（3）模数转换器：因为可编程控制器不能接收模拟信号，所以需将传感器的电压或电流信号转换成数字信号。

（4）变频器：根据电动机的实际需要来改变其所需要的电源频率，达到节水的目的。

（5）电动机、水泵：由电动机带动水泵从水源抽水，为喷灌系统提供一定的压力。

（6）电磁阀：控制喷头的喷灌。

（7）管网：灌溉系统输送水的管路。

三、思考：为之后设计"智能灌溉小管家装置"做好准备 ■

（1）画一画，了解已有经验。

（2）看一看，构建共同经验。教师发放调查表，邀请家长共同配合孩子到实地调查自动浇水器，构建关于自动浇水器的基本认知。

（3）想一想，形成思维导图。

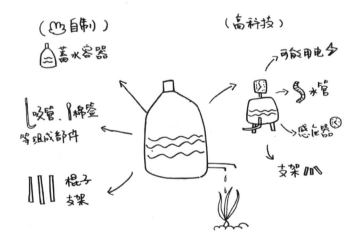

什么是自动浇水器？它的基本构造是什么？学生结合已有经验进行讨论，通过不同的思维导图呈现他们的思考结果。

四、阐述制作

（一）制定设计方案

教师任务：引导学生思考和讨论制作智能灌溉小管家所需的器材、各部件的作用以及湿度控制器的应用等问题。要求学生罗列项目所需材料，设计草图，能配以相应的文字进行简单的说明。

学生活动：分析智能灌溉小管家系统任务的内容和收集的信息，讨论所需要的材料，列出材料列表。讨论设计方案并进行绘制。教师展示现有灌溉装置，学生结合实地参观和网络资料讨论设计智能灌溉小管家装置模型。小组以答辩形式阐述设想，通过问答进行头脑风暴，修改并确定方案。完成设计后，依据图纸制作，包括组装模型和编写程序，要实现自动和均匀灌溉。

（二）论证并研讨方案

邀请智能专家（具有灌溉技术）进行论证，让其提出有效可行的方案并继续实施。

（三）组装模型

教师任务：①提供材料工具；②提醒安全问题；③强调小组合作，沟通指导；④必要时提供指导。

学生活动：①合作制作灌溉系统；②记录分析问题，尝试解决。

这是该项目的主体部分，学生前期经历了小组设计、小组汇报、二次修改，接下来就是按图纸开始组装。要求学生像工程师一样会看图纸并按照设计图纸选择材料去完成制作，教师针对制作过程中遇到的问题引导学生修改方案，并在提醒学生修改作品的同时设计图纸。对于不可行的方案则和学生一起及时调整改进。利用米思齐（Mixly）软件编写程序，实现土壤湿度的检测及继电器的开与关。

（四）测试与优化

1. 教师任务

（1）准备好测试所需的实验工具，在实验室进行室内测试。

（2）室内测试成功的小组再进行室外测试。对于室内测试效果不好的项目，指导学生分析其可能的原因，引导其解决问题。对于室内测试失败的项目，指导学生修改最初的设计方案，改进智能灌溉小管家系统的性能。

2. 学生活动

（1）测试制作好的智能灌溉小管家系统，对自己小组的作品进行评估。

（2）成功完成作品的小组做进一步的外形、功能等优化设计。

（3）如果作品未能成功运行，则应考虑通过组间学习、小组学习、求助教师等方法进行原因分析，找出失败的原因并进行改进。

（4）测试完成后，绘制智能灌溉小管家系统的实用流程图，说明其工作步骤，对最初设计的智能灌溉小管家系统草图配以说明，在每一个部件上做好标识，说明每一个部件的主要功能和制作材料。

（五）展示与汇报

1. 教师任务

组织学生进行"智能灌溉小管家"项目书的整理和汇报，展示小组作品。

2. 学生活动

总结项目活动过程中存在的问题和收获，与师生分享项目成果。按小组演示装置、展示计划书、设计方案等项目笔记，描述项目活动过程中遇到的困难及克服困难的方法，并分享学到的知识和经验。

（六）优化改进

通过更改程序解决浇水量不足问题。模型测试中发现，土壤湿度检测器先接触水分，可能导致浇水量不足。经讨论，学生决定更改程序，用浇水时间控制继电器。小组在成果展览会中记录他人建议。

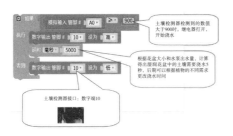 

五、"智能灌溉小管家"的实施效果评价

（一）评价方法与评价过程

下面将从课堂观察、学生反馈以及课程评价这三方面来判断课程"智能灌溉小管家"的实施效果。

1.课堂观察

课堂观察是教师常用的评价学生行为表现的方法之一，对学生的课堂表现进行全面的观察，可以作为课堂实施效果的参考依据之一。STEM[科学（Science）、技术（Technology）、工程（Engineering）、数学（Mathematics）四门学科英文首字母的缩写] 课程中对于实践与表达的课程目标的达成度，也需要结合教师的课堂观察。下面主要呈现对搜索信息、制定方案、制作作品、测试优化的课堂观察记录。

学生通过信息搜集获得的知识点有：N 小学周边农业生产变迁史、N 小学周边目前使用的灌溉技术、智能灌溉小管家的定义和分类、智能灌溉小管家的原理、传感器和控制器的作用。

学生通过不同的方式，了解农业灌溉的各方面知识，总结罗列出与

"智能灌溉小管家"项目相关的有用资料。小组组员之间互相合作与交流，表示对农业生产很感兴趣。

（1）搜索信息。在"智能灌溉小管家"搜索信息的环节中，学生表现得很积极认真，主要采用了三种形式：实地考察、图书和网络信息搜索、教师讲解。学生主要实地考察了周边两处农田，一处主要种植的是草莓，一处为油菜田。学生从实地考察中得到了 N 小学附近农业生产变迁的历史信息，目前主要运用的几种灌溉技术。接着通过图书和网络信息搜索了解了目前的一些智能灌溉小管家的项目设计，以及湿度监测器的原理和用途。教师进行了创新方法的讲解，补充讲述了物理学电路知识等。

（2）制定方案。在制定方案的环节，小组成员集思广益，积极讨论，对应该设计什么样的灌溉系统想法很多，在这个过程中，学生们群策群力，其工程思维也得到了一定的发展。也有小组在这一环节产生了方案设计上的分歧，最终他们通过小组协商，达成了一致。教师在这一过程中主要起了适时引导和帮助的作用。这一环节发现了一个相对较大的问题，即电路连接的串联与并联问题，查阅资料后得知，这属于九年级物理电路的问题。但在方案设计的过程中需要运用这一原理，所以教师进行了补充讲解。所以在信息搜集环节，除了提供创新方法的讲解外，还需要增加这一内容。

对 5 个小组的设计方案进行总结后得知：①对于传感器的选择，5 组都达成了一致；②在材料的选择上，5 组都选择了水泵、水管、湿度传感器、动力装置，其中有 1 组没有选择控制器，2 组选择了喷头；③在设计图上，5 组连接思路基本一致，但主要的困难出现在电路图的正确连接和绘制上，这也直接导致了其中 2 组在后期运行的失败。

（3）制作作品。制作作品的环节主要出现了以下问题：

①学生不会连接导线、电池等。

②小组成员之间产生了分歧，如有小组成员参与意识不强，有部分

成员一直抢着动手操作等。出现操作问题时，有的小组选择求助其他小组，有的小组选择求助教师，有的小组则通过查询资料解决问题。出现合作问题时，就需要教师善于观察与发现，及时进行引导与帮助。教师发现合作问题可能源自最初的分工，所以分工问题在 STEM 活动中也很重要。总体来说，学生积极性较高，参与活动的学生都能完成本组的作品。

（4）测试优化。本项目一共 20 位学生参与，每组 4 位学生，分为 5 组。教师在测试部分为学生提供了水槽和土壤，学生自行测试。测试的场地在学校周围的农田旁，在没有教师帮助的情况下，有 2 组学生测试成功，3 组学生测试未成功。

测试成功的小组，教师对他们提出了更高的要求，进行进一步的设计。测试未成功的小组，则提醒他们回顾制作过程和方案设计过程，其中有 1 组发现是连接错误，改进后测试成功，还有 2 组发现是设计方案有误，进一步修改了设计方案。经过几次修改以后，5 组均完成了测试。在测试完成的基础上，学生又产生了很多想法，如有学生想在灌溉的水管上进行改善，使其灌溉更有效；有学生想增加开关设置，使灌溉变得更加可控；也有学生想与电脑连接，使灌溉变得更加智能；还有学生想在系统中加入太阳能、温控等设备；等等。这些想法都非常有意思，但由于时间与条件有限，没能再继续研究下去。

2.学生反馈

在整个课程完成后，教师参照典型的评价量表编制了提纲，以小组为单位对 20 名学生进行了访谈，收集了学生的活动反馈表。

从学生反馈来看，学生在课程中学习到了农业生产的基本知识，学会了使用工具进行制作，了解了工程设计的一般步骤并且能完成自己的工程笔记，在此研究过程中也产生了对农业生产的兴趣，学会了用一定的现代技术手段进行农业灌溉。

3.课程评价

课程评价是对课程设计效果的判断，本项目因为教师精力与时间的限制，仅研究了课程评价中对学生的评价。对"智能灌溉小管家"的课程评价，主要评价主体是教师与学生。评价内容为最终的作品与学生的行为表现。评价方法主要采用教师评价、学生自评与互评。其中，教师评价主要采用评价量表，学生自评采用自评量表，学生互评采用口头交流的方法。

（1）教师评价结果。针对项目作品与行为表现，教师根据课程目标设计了评价量表。"智能灌溉小管家"中教师评价学生的目的主要是促进学生的全面发展，培养学生的 STEM 素养，教师评价不作为评定选拔学生的手段，另外这次研究的开展是该校学生第一次接触 STEM 课程，所以为了鼓励学生参与，激发学生对 STEM 课程的兴趣，教师评价以 A 为主，对于 A 以下的学生，教师也给予多方面的鼓励，提出了一些改进的意见。"智能灌溉小管家"项目课程评价以组为单位进行，共 5 个小组，因为样本比较少，所以没有做数据分析。

（2）学生评价结果。学生主要采用自评与互评，教师根据课程目标制定了自评量表。

（3）评价结果分析。教师可依据劳动教育的课程目标与课程内容实施评价，对"智能灌溉小管家"的目标达成做如下总结与分析。

①课堂观察：信息搜索环节，学生能通过各类方式进行资料收集，但如何筛选信息需要教师的帮助，并表示自己对农业生产的兴趣；制作方案环节，学生能表达自己的想法，能与小组成员交流与合作，但是在问题解决上会有分歧；制作作品环节，学生能认识材料与工具，能运用工具进行制作，这可能意味着需要更多的时间来培养学生的团队合作意识和问题解决能力；测试优化，学生能自己或小组进行判断、分析产生问题的原因。

②学生访谈反馈：学生基本表现出对课程的喜欢，认为课程的难度可以接受，学习到了农业灌溉、农作物生长的知识，学会了撰写工程笔记、写计划书、画设计图等，能与同学进行交流与合作，掌握了进行项目汇报的方法。

③教师评价与学生自评：基本能进行资料知识点的记录、文字的说明、设计图的制作，作品完成度较高，在交流与汇报的过程中表现良好。学生在课程实施过程中，对自己的表现基本满意。能参与并基本完成任务，能与小组成员交流与合作，学会表达与质疑，从课程中学习到专业知识以及解决相应问题的能力。

从以上总体评价来看，前期制定的活动目标基本达成，但一些目标达成的效果还存在问题，主要是智能灌溉小管家系统的设计图绘制、表达交流的能力以及推理并解决问题的能力达成效果不是很理想。可能的原因：在前期的前概念调查中，只分析了学生对本课程所需的生命科学、物质科学等学科领域的知识的掌握情况，忽略了对学生数据搜集和整理、语言表达、图形绘制等其他相关能力的调查。

（二）拓展提升——反思及展望

你们小组的智能浇灌装置模型能否实现自动浇灌？是否掌握了Scratch 编程中的触发式、循环式编程？

1.探究性实践反思

（1）如何解决浇水不均匀现象？

（2）如何放置土壤湿度检测器让检测到的数据更精准？

（3）本次制作的装置产品外观如何？安全性如何？

2.不足之处

（1）课程资源开发与整合研究的不足。在薄弱小学 STEM 课程开发过程中，教师对可能的课程资源探索不够深入，仅限于相应的薄弱小学环境，薄弱环境中还有许多待开发的 STEM 课程资源，有待进一步做出补充研究。

（2）课程实施的不足。

①研究范围有限：教师只对其中一个活动进行了课程实施，无法全面评估课程实施效果。

②知识点缺失：实施过程中发现电路串联、并联知识点的缺失，需补充并重新研究。

③创新想法待研究：学生提出的安置开关、加入温控和太阳能系统等问题未能进一步研究。

（3）对评价研究的不足。

①评价非重点：此次课程开发未将评价作为重点，仅对教师观察和学生评价情况做了简单说明。

②评价方法单一：主要采用教师评价、学生自评和口头互评，未进行定量分析，评价依据不充分。

③课程评价不全面：对课程的评价仅结合学生反馈和教师课堂观察，缺乏定量分析。

（4）课程可推广性研究不足。"智能灌溉小管家"是针对特定的薄弱小学开发的 STEM 项目课程，是否能适应更多的薄弱小学，由于时间和条件的限制，没有得到更多验证。

3.研究展望

针对上述开发与实施过程的不足，在以下方面还可以继续进行深入的研究：

（1）扩大薄弱资源研究范围，增加薄弱资源分类方法。薄弱资源的概念很广，本书从武汉市××小学入手分析东湖新区部分薄弱资源，可以增加分析的范围。我国不同地域类型乡村的资源差异显著，对于乡村类型的分类方式也很多，选择不同分类方式的薄弱资源进行分析与研究，能获得更多薄弱小学 STEM 课程内容的来源。另外，在本书中按经济资源领域、自然资源领域、民俗风情资源领域、家庭文化资源领域及历史文化资源领域的分类方式对课程资源进行分类，选择更多的薄弱资源分类方式，会增加其他不同领域的课程资源。

（2）从课程反馈入手，增加课程实施的时间，多轮进行课程的实施与修订。此次研究仅进行了一轮实践，在一门课程的开发与实践中往往需要进行多轮修订与实践。完成"智能灌溉小管家"项目课程大约花了 3 个月（每周 2 课）的时间，仍需要增加课程时间，根据评价的内容、学生的反馈，进行目标、内容和教学设计的修订、完善与再实践。

（3）增加多种评价方式，利用定量分析的方法进行科学评价。对于评价项目，可用★的多少来评价。

评价项目	评价内容	评价等级
实用性	具有很高的实用性，可以自动浇水，节省时间和精力	
教育价值	培养学生的动手能力、编程能力和解决问题的能力	
项目难度	有一定难度，但在学生的能力范围内	
完成质量	装置模型制作精良，运行稳定	
团队合作	团队成员协作良好，分工明确	

（续表）

评价项目	评价内容	评价等级
知识涵盖	涉及多学科知识，拓宽了学生的知识面	
成果展示	展示效果良好，清晰地展示了项目成果	
对劳动教育的促进	有效促进了劳动教育，培养了学生的劳动意识	
备注	1.参与者根据实际情况对相应的评价项目打分； 2.得分中"★★★★"及以上为"A"；"★★★"为"B"；"★★"为"C"；"★"及以下为"D"	

实践案例三　打卡蓝天风筝节

【活动背景】

风筝，这个看似简单却蕴含深厚文化底蕴的玩具，承载着中华民族数千年的智慧与情感。在中国文化中，风筝不仅是一种玩具，而且承载了丰富的教育意义。首先，风筝的制作和放飞可以培养孩子的动手能力和科学素养；其次，风筝是文化的载体，通过了解风筝的历史和制作工艺，可以让学生更好地了解中国传统文化的丰富性和多样性；最后，风筝代表着自由、梦想和希望，放风筝不仅是一种户外活动，学生还可以一起分享快乐、交流技巧，增进彼此之间的友谊，加强合作精神。

在现代社会中，随着科技的飞速发展，人们的生活节奏越来越快，放风筝这一传统活动逐渐被遗忘，学生很少有机会体验放风筝带来的乐趣。因此，我们决定举办制作风筝、放飞风筝的相关活动。通过亲自动手制作风筝，学生不仅可以锻炼自己的动手能力和创造力，还可以宣传环保理念，增强环保意识。此外，学生还能更好地了解中国传统文化的丰富性和多样性，培养自身的民族自豪感和文化自信心。

本次活动将以六大环节完成对风筝的认识以及对自然的体验。

【活动目标】

认知目标：通过参与风筝节活动，学生能够准确识别并描述不同种类风筝的基本结构和特点，了解风筝的飞行原理，包括风力、平衡和牵引力之间的关系，掌握放风筝的基本步骤和技巧。在活动中，学生能够了解风筝的起源、发展和在中国传统文化中的地位，培养学生对传统文化和民俗活动的兴趣和尊重。

行为目标：学生通过参与风筝节活动，能够掌握风筝的制作技巧、飞行技巧等，帮助学生提高动手、协作和解决问题的能力，以及审美能力和艺术修养，培养他们的团队合作精神和创新精神，提高学生的综合素质和竞争力。在活动中，学生发挥想象力，创新设计出独特、新颖的风筝作品，培养创新思维和创造力。

情感目标：通过风筝节活动，让学生感受传统文化的魅力，增强对传统文化热爱和认同感。学生在参与过程中可以感受集体的力量和温暖，逐渐树立自信心，增强自身的毅力，培养积极情感和乐观向上的心态。风筝节活动通常需要学生分组进行，学生在团队中扮演不同的角色，共同完成任务，增强团队协作精神和沟通能力。

【活动准备】

教师准备：①风筝制作视频；②风筝制作过程图；③30厘米和50厘米长度的竹条、双面胶、胶带、塑料打孔器、尼龙线、直尺、风筝纸、颜料、笔刷、提线、风筝轴、铅笔、剪刀、风筝尾条、大孔针、白乳胶等。

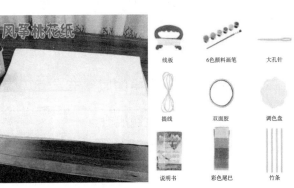

学生准备：①学生独立查阅风筝的起源资料；②学生自由分组，四人为一小组。

注意事项：学生应使用适合其年龄和能力的工具。对于锋利、尖锐的工具，如剪刀、大孔针等，应在教师的指导下使用，并确保其刃口完好、无锈蚀。使用时，要保持手部稳定，避免割伤，有需要及时向教师求助。

【适用年级】

本活动适合小学四年级。

【板书设计】

首先将活动流程大致进行书写，让学生对此活动有初步了解，其次画出风筝形式，为学生提供模板，并展示成功作品，按照历史、分类、制作、图案的顺序讲解。

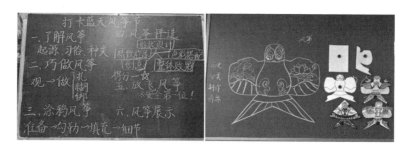

【活动过程】

一、了解风筝——眼中的风筝节

（1）宣讲本次风筝节主题活动。

（2）准备。教师用视频讲解的方式，在班会课时间讲述风筝起源及本次风筝节主题活动。

（3）风筝的历史。风筝由中国古代劳动人民发明于东周春秋时期，距今已 2 000 多年。

相传墨翟以木头制成木鸟，研制三年而成，是人类最早的风筝起源。后来鲁班用竹子改进墨翟的风筝材质，直至东汉期间，蔡伦改进造纸术后，坊间才开始以纸做风筝，称为"纸鸢"。到南北朝时，风筝开始成为传递信息的工具；从隋唐开始，由于造纸业的发达，民间开始用纸来裱糊风筝；到了宋代的时候，放风筝成为人们喜爱的户外活动。古诗有云："草长莺飞二月天，拂堤杨柳醉春烟。儿童散学归来早，忙趁东风放纸鸢。"（清·高鼎《村居》）

（4）讲述风筝的习俗。风筝运用人物、走兽、花鸟、器物等形象和一些吉祥文字，以民间谚语、吉语及神话故事为题材，通过借喻、比拟、双关、象征及谐音等表现手法，构成"一句吉语一图案"的美术形式，赋予求吉呈祥、消灾免难之意，寄托人们对幸福、长寿、喜庆等的美好愿望。它因物喻义，将情景物融为一体，因而主题鲜明突出，构思巧妙，趣味益然，富有独特的格调和浓烈的民族色彩。例如，一对凤鸟迎着太阳比翼飞翔的图案，称为"双凤朝阳"，它以丰富的寓意、变化多姿的图案，体现了人们健康向上的进取精神和对幸福美好生活的追求。

中国吉祥图案内容丰富，大体有"求福""长寿""喜庆""吉祥"等类型，其中以求福类图案较多。

（5）介绍风筝的种类。

①硬翅风筝：它的特征是风筝的左右两边用上下两根竹条做成翅膀的形状，平看就像是一个古代元宝的形状。常见的沙燕风筝就是硬翅风筝。

②桶式风筝：也叫立体风筝，由一个或多个圆桶或其他形状的桶组成的风筝，像花瓶、宫灯等都属于此类风筝。由于制作工艺复杂，日常生活中并不多见。

③板式风筝：也叫平面形风筝，它的形状和结构简单，风筝的四边用竹条支撑。因为制作容易，飞升性能好，又适合表现多种题材，故深受大家的喜爱，也是我们生活中常见的风筝种类之一。

④软翅风筝：它的造型以禽鸟或昆虫居多，如螳螂、蝴蝶等。软翅风筝的翅膀由一根主竹条构成，翅膀的下方是软性的，它的主体骨架大部分成浮雕状。

⑤串式风筝：就是把相同的或不同的风筝，像冰糖葫芦似的拴在一根或多根线上，串联起来放飞，也是常见的风筝形状之一。

（6）学习风筝制作方法。

二、巧做风筝——手中的风筝节

（一）观看视频，动手实操

教师先让学生认真观看风筝制作视频，同学间共同探讨，总结出风筝的制作方法，随后将风筝制作过程图及注意事项展示在多媒体上，为每小组提供若干风筝制作材料。

（二）制作过程，动手合作

中国传统风筝的制作技艺概括起来有四个字：扎、糊、绑、绘，简称"四艺"，即扎骨架，糊纸面，绑风筝线，绘花彩。

1. 扎——扎骨架

（1）扎骨架时，两根竹条呈十字摆放，横向竹条放在竖向竹条三分之一处，左右对称。

（2）缠绕骨架前，棉绳要留出15厘米长的绳头。

（3）固定骨架时，用交叉缠绕法，即将棉绳对角缠绕，左缠绕5下，右缠绕5下，如果不够牢固，可再缠绕5下，最后打结，并留出15厘米长度的绳尾。

（教师示范打结法，骨架制作完毕）

（4）展示部分骨架，发现问题及时纠正，避免制作过程出现错误。

2.糊——糊纸面

（1）纸面平铺在桌上，再把风筝骨架摆放在纸面上。（注意：不能歪斜，否则风筝会重心不稳，飞不起来）

（2）骨架摆放好后，用胶带将十字骨架固定在风筝纸面上，这样，骨架就不会移动。风筝面的四个边各预留3厘米左右。（折边粘贴双面胶备用）

（3）将风筝面预留3厘米的四个边依次折好，用双面胶粘贴平整。（注意：骨架的边角要粘贴牢固，不能移动）

（4）粘贴飘带：用飘带装饰菱形风筝的肩膀或尾部，宽2～3厘米，长度在30厘米左右。飘带依次粘于菱形风筝的左右两边或尾部。（前后稍微错开，用双面胶粘贴在一起）

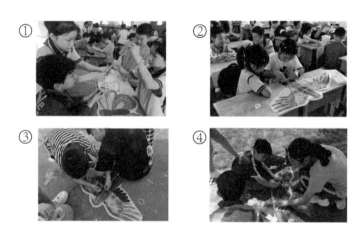

（三）绑——绑风筝线

当骨架和风筝面制作完成后，把风筝骨架打结后的绳头与风筝放飞线进行拉紧打结，板式菱形风筝即制作完成。（教师示范打结法）

在生活中，风筝与放飞线的连接除了一点法外，还可以用其他的方法，如二点法和三点法，教师可以鼓励学生课后去尝试，看看有什么区别。

三、涂鸦风筝——纸上的风筝节

（一）准备

选择一块宽敞的空地、空白的风筝、展示风筝的图片、聚丙烯马克笔、水粉颜料或者记号笔、直尺以及铅笔等。

（二）勾勒形状

根据风筝的形状，在美术教师的指导下将风筝进行初步勾勒。

教师：同学们，这里有一些漂亮的风筝图片，请选择自己喜欢的图案和颜色，或者自己发挥想象力，用铅笔在空白风筝上画出喜爱的图案。

（三）填充颜色

用画笔蘸取颜料，轻轻地涂在风筝上。可以按照自己的想法来涂，如涂彩虹色，或者画个可爱的笑脸，使用马克笔或者水粉颜料涂上颜色。

教师：接下来，请同学们选择自己喜欢的颜色，然后轻轻地涂在风筝上。记得要涂得均匀一些，这样风筝的颜色才会更好看。

（四）添加细节

进一步描绘，使风筝的画面更生动。

教师：现在，同学们手中的风筝已经涂好颜色了，我们可以在风筝上再添加点细节，如给蝴蝶的翅膀添加纹理和阴影效果，让风筝生动起来。

四、风筝评选——教室里的风筝节

（一）定规则

风筝涂鸦完成以后，师生之间按照制定的标准进行评分。师生一起制定风筝外形的评分标准是一个富有创意和互动的过程，它不仅有助于培养学生的审美能力和批判性思维，还能加强师生之间的交流和合作。

首先，师生需要明确评分的目的，即评估风筝的美观性、创意性，以及与主题的契合度等。其次，根据评分目的，从形状设计、色彩搭配、图案创意三个维度确定评分标准等。

评分维度	评分细则
形状设计	评估风筝的整体形状是否美观、流畅，是否符合风筝的基本结构要求，以及是否具有独特性和创意
色彩搭配	考虑风筝的色彩是否和谐、醒目，是否有助于突出风筝的主题或特点，以及色彩使用是否具有创新性
图案创意	评估风筝上的图案是否具有创意和美感，是否与风筝的整体风格相协调，以及是否能够传达出特定的文化或情感内涵

（二）评风筝

评风筝共包括自我评价、小组评价、教师评价三个环节，师生共同捕捉风筝中的美学。通过举办风筝展评活动，可以激发学生的手工创作灵感，再通过鼓励他们发挥想象力和创造力，可以使学生制作出具有独特个性和精美的风筝作品。

（三）展风采

将学生制作的风筝（不记名形式）统一展示在黑板前方。

教室里的风筝节

（四）试评与调整

在制定完评分标准后，师生可以选取一些风筝样品进行试评，以检验评分标准的可行性和有效性。根据试评结果，师生可以对评分标准进行调整和优化，确保其更加符合实际情况和评分需求。

（五）实施与反馈

在正式评分过程中，师生应严格按照评分标准进行评分，以确保评分结果的客观性和公正性。同时，教师应鼓励学生在制作风筝的过程中不断尝试和创新，以提升风筝的外形质量。评分结束后，师生可以共同对评分结果进行反思和总结，以便为未来的风筝制作和评分活动提供有益的借鉴和参考。

五、放飞风筝——蓝天里风筝节

（一）选定放飞风筝的时间和地点

（1）放飞风筝的时间：星期五下午。教师查看近期天气预报，最终选定了周五下午的晴天，且当天还会有微风，非常适合放飞风筝。周五下午让学生参与风筝活动，学生正好可以将自己的风筝带回家与朋友或家长一起玩。

（2）放飞风筝的地点：学校操场。放飞风筝需要宽阔无遮挡的场地，教师最终选择了学校的操场。学校的操场较为安全，且开阔无遮挡，非常适合放风筝。

教师在讲解
① ②

（二）风筝节前的动员活动

邀请家长一同参与风筝节放飞活动。

（三）放飞风筝

（1）起跑：将风筝举过头顶，逆风起跑，同时慢慢放出线，让风筝逐渐升起。

（2）控制风筝：当风筝升起后，可以通过调整线的长度和角度来控制风筝的高度和方向。

（3）注意事项：在放风筝的时候一定要选择空旷人少的场地，并避免在机场、电线杆附近、火车道旁、高楼顶或有闪电的地方放风筝；建议在放风筝时佩戴手套，以避免手被风筝线割伤，并且不要将风筝放得太高，以免失

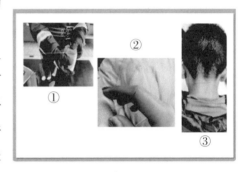

控；如果风筝挂在树上无法取下，不要急着去拉风筝线，最好先剪断风筝线，避免其绷紧后伤及路人；如果风筝线缠绕在电线上，千万不要自行处理，也不要用工具敲打电线，以免引起火灾或触电，应及时报告所在地有关管理单位或供电部门，由专业人员清除电线上的风筝；还应注意保护环境，不要随意丢弃风筝线和废弃风筝。

（四）收回风筝

当风力减弱或需要结束放风筝时，要慢慢收回线，将风筝安全收回。

（五）比一比

谁的风筝飞得最高。学生与家长为了风筝飞得最高，一直在操场上奔跑，有些有经验的家长，稍稍跑一下，就轻松将风筝放飞了起来。

（六）放风筝的技巧

放风筝时需要一人拿着风筝走到下风处，一人拿着线轴站在上风处，

间隔 15 米左右，然后拿风筝的同伴举起风筝并推向空中，拿线轴的同伴拉着风筝线奔跑，根据风筝上升情况改变奔跑速度，风筝飞上天后要适当放线让其平稳飞翔。

六、展示风筝——连廊里的风筝节

（一）回收学生评选出的"最美风筝"

在制作评选标准的阶段，学生通过几个方面的考量，对什么是"最美风筝"有了新的定义，而且能够更全面地思考，不再单从外表看。在评选的过程中，学生能够公平客观地进行评价，这说明学生对规则进行了内化，培养了自身正直的观念。胜出的小组也会增加小组荣誉感，从而明白团结协作的重要性。

（二）将风筝固定在本年级的连廊上

将这些意义非凡的风筝挂在连廊上展示，可让每个"小作者"都感到骄傲自豪，让其他年级的学生都可以来感受他们的快乐。这样不仅可以增强学生的自豪感，还可以增加他们的快乐回忆。

【活动反思】

（1）设计与实施：在筹备风筝节活动期间，我们收获了宝贵的经验。例如，在宣传推广方面，我们采用了线上家长邀请函与线下各年级组互相邀请参与相结合的方式。这种多元化的宣传策略有效地提升了本次风筝节活动的知名度。此外，该活动不仅让学生体验到了放风筝的乐趣，

还促进了他们与家人朋友的互动看，以及提高了他们对传统文化的认识和了解。

（2）问题与不足：在风筝节活动执行过程中，我们遇到了一些预料之外的情况，如学生用竹条制作的风筝因为重量无法起飞，或者无法停留较长时间；部分参与者反映活动场地太小，无法满足很多学生一起奔跑的需求；微调后的风筝依然不具备飞行能力；等等。

（3）改进措施与建议：在风筝种类和款式选择上，我们精心挑选了各式各样的风筝，以满足不同年龄和喜好的参与者的需求。同时，我们注重风筝的创新设计，确保活动具有一定的新颖性和吸引力。此外，我们迅速调动备用风筝进行替换，确保活动的顺利进行。在活动现场管理方面，我们制定了详细的工作流程和应急预案。家长志愿者和各班教师全程参与，使现场秩序得以维护，参与者在享受风筝放飞乐趣的同时感受到了活动的趣味性。

【活动评价】

教师和学生应用风筝制作表现评价表对相应的评价项目给出评分。

评价项目	表现标准	得分
小组协作	小组成员团结合作，分配任务，积极完成各自任务，有良好的沟通和交流	
色彩搭配	风筝的色彩和谐、醒目，有助于突出风筝的主题或特点，色彩使用具有创新性，小组作品色彩搭配和谐，涂鸦效果好	
形状设计	风筝的整体形状美观、流畅，符合风筝的基本结构要求，具有独特性和创意，比较结实，能够飞起来	
劳动习惯	在制作的过程中节约成本，没有浪费材料，同时保证了环境的整洁，在制作结束后有清理打扫	

（续表）

评价项目	表现标准	得分
传统文化传承	在学习风筝的相关资料时，对风筝有进一步深刻的了解，弘扬了中华传统文化	
制作的精致程度	制作的风筝有好好涂色，绘画的细节完美	
图案创意	风筝上的图案具有创意和美感，与风筝的整体风格相协调，能够传达出特定的文化或情感内涵	
整体效果	风筝整体效果（形状、颜色、大小、形态、能否起飞等）	
篇评		
备注	①听课人根据课堂教学的实际情况对相应的评价点打分 ②得分中： "★★★★"及以上为"A" "★★★"为"B" "★★"为"C" "★"及以下为"D"	

实践案例四　秋日相伴趣远足

【活动背景】

　　随着时代的进步以及科技的飞速发展，人们出行大多使用交通工具，真正迈开双腿的机会正逐渐减少，学生整天待在教室里学习，离大自然越来越远。《义务教育劳动课程标准（2022年版）》强调学生直接体验和亲身参与，注重激发学生参与劳动的主动性、积极性和创造性。因此，本次活动以社会、大自然为活教材，根据五、六年级学生探究的需要，充分运用环境资源，通过远足的准备、进行和总结，让学生从广阔的自然界、纷繁的社会中获得生活的知识与经验，让学生亲近大自然，缓解心中的压力。

【活动目标】

　　认知目标：徒步远行可以让学生感受到大自然的魅力，亲近大自然，爱上大自然，促进学生的健康成长和身心发展。通过本次活动，旨在调动起学生投入社会实践的积极性，并使其欣赏大自然的魅力，探索自然界的奥秘。

　　行为目标：通过此次活动，培养学生的团队合作意识和独立性，锻炼学生的体能，提升学生的动手能力。同时让学生认识到户外运动的重要性，激发学生对户外活动的喜爱。既有效地锻炼学生的身体机能，又锻炼学生的毅力和耐力。

　　情感目标：在远足的过程中，学生需要面对很多挑战，在不断的尝试中，培养他们吃苦耐劳、不怕挫折等品质，增强学生的自信心，使每一位学生得到很好的锻炼，促进同学之间的互动，加深同学之间的深厚友谊。

【活动准备】

教师准备：①实地调研，选择适合远足的地点；②制作"远足小调查"样表，发放给学生填写。

学生准备：①提前做好实地调研，了解花山片区的公园、景点分布情况；②小组合作准备好制作队旗的物资、材料；③准备远足所需的着装、物资等；④准备驱蚊驱虫的物品（如花露水等）。

【适用年级】

本活动适合小学五、六年级。

【活动过程】

一、"我"的远足期待

（一）情境导入，引出主题

教师出示秋日美景图片，学生欣赏并谈感受，教师进行补充说明。

教师：金秋十月，是一个丰收的季节。五谷丰登，层林尽染，正所谓"一年好景君须记，最是橙黄橘绿时"（北宋·苏轼《赠刘景文》）。那

么，就让我们趁阳光正好，趁微风不燥，一起"趣"远足吧。那么，什么是"远足"呢？

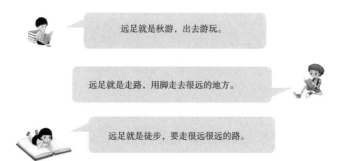

远足就是秋游，出去游玩。

远足就是走路，用脚走去很远的地方。

远足就是徒步，要走很远很远的路。

教师总结：远足就是比较远的徒步旅行，是指出门旅行，通常指徒步穿越山林或郊野地区，享受大自然的美景和体验户外活动。

教师：同学们，秋天到了，你们发现学校周围、花山片区有什么变化了吗？（重点引导学生关注秋天的变化，关注周围的生活，感受大自然的美好）

预设1：秋天来临，树叶开始变色，从绿色变成黄色、橙色和红色。这些变化使秋天的森林变得丰富多彩。

预设2：每当秋冬季节来临，大雁都会成群结队、浩浩荡荡地飞到温暖的南方过冬。

预设3：进入秋季以来，早晚温差变大了，气温更低了。

教师：看来同学们对秋天有自己的看法，那么在秋天，什么地方最适合远足呢？请同学们和小组成员进行讨论。

（二）商量规划，确定候选地点

教师："凡事预则立，不预则废。"（《礼记·中庸》）切实可行的计划是远足活动成功的前提，选好目的地和最佳路线是重中之重，接下来，请同学们以小组为单位讨论想去哪些地方远足。可以将你们初步拟定的地方写下来，并简要说明推荐理由。在梳理的时候可以采用表格、导图等多种方式。

（三）班级投票，确定远足地点

教师：每个小组想去远足的地方都不一样，那我们到底听谁的，去哪里远足呢？接下来请各小组代表分享本组的计划。

每个小组分享完毕后，采用投票的形式决定最后的目的地。

☐候选地点_____
☐候选原因（景点、娱乐设施、特色）

_____
☐地理位置_____

确定最后远足地点

经过讨论和投票，我们达成一致，确定最后的远足地点：_____

1._____

2._____

二、"我"的远足计划书

教师：同学们，我这里有一份计划书，让我们一起来一步一步地完成它们吧，完成一项就在后面打上对钩。

姓名：

① 选举组长 ☐
② "我"的团队品牌 ☐
③ 制定远足规章制度 ☐

日期：

④ 争做小小安全员 ☐
⑤ 明确远足的要求 ☐
⑥ 完成"远足小调查" ☐

注意安全！

（1）选举组长。班内竞选"'我'是远足小组长"若干名，并讨论组长应该怎么做。同时商讨组内每个成员的分工，即每个人具体负责的事情，组长在特定情况下还要负责协调工作。

（2）"我"的团队品牌。以小组为单位，根据远足的地点，自主设计并制作各具特色的队旗以及确定名称和口号。

（3）制定远足规章制度。小组讨论，根据远足安排，制定远足班级规章制度。

（4）争做小小安全员。远足途中存在着许多安全问题，所以在远足过程中要注意学生的安全问题，教师要注意防护，不能让学生去危险的地方，同时要防止走丢。

（5）明确远足的要求。教师向学生强调远足过程中需要准备的物品、注意事项等。

（6）完成"远足小调查"。包括远足最佳天气、远足小游戏等。

（一）完成远足计划书

1. "我"是远足小组长

教师：同学们，远足不同于一般的校内教学活动，它的地点在广阔的大自然和生活中，在活动过程中我们难免会遇到各种问题和挑战，只有合作才是取得成功的关键。为了让同学们的个性得到充分的、可持续的发展，进行愉快的、富有成效的合作，各组需要远足小组长，小组长由各组推选产生。小组的成立意味着你们就是一个整体了，在集体中各自可以承担什么责任，或者说，你们可以为这个团队贡献些什么呢？请大家结合自身的能力特点，发表自己的意见和看法。

预设1：我可以当纪律小组长，维持远足中的纪律。

预设2：我会做沙拉和水果拼盘，远足的时候，"我"可以当我们组的小厨师。

......

2."我"的团队品牌

教师：现在我们的小组已经初步成型了，但还需要给各自的小组取一个响亮的名称和口号，并绘制一面队旗。同学们赶快行动起来吧！

（1）小组合作，绘制队旗，确定名称和口号。

（2）展示分享，每组选派代表介绍自己组的特色设计。

预设1：大家好，我们是"乘风破浪"小组，我们的口号是"风雨无阻，团结协作，乘风破浪创未来"。

预设2：大家好，我们是"星光"小组，我们的口号是"星光照亮未来，团队创造辉煌"。

预设3：大家好，我们是"快乐学习"小组，我们的口号是"齐心协力，快乐学习；取长补短，共同进步"。

……

（二）制定远足规章制度

（1）教师：远足日即将到来，这将是同学们的一次集体活动，那么在远足的过程中，同学们应该遵守什么样的纪律，达到什么样的要求呢？

远足的路上可能有各种各样的问题，我们应该一切行动听指挥。

远足时大家应该轻装上阵，也许我们从现在开始就需要锻炼身体了。

（2）小组合作，讨论出行的纪律，由组长负责记录。

（3）全班汇报总结，制定班级远足规章制度。

①远足期间学生一切行动听教师的指挥，准时出发，准时集合，按要求参加活动，有事要做到事先向带队教师请假。
②活动时要做到井然有序，不拥挤、不喧闹、不追逃、不打闹。
③遵守公共秩序，走路时以班级为单位，不擅自离队，不单独行动。过马路时，严格遵守交通规则。
④班级之间、同学之间要做到互帮互助，团结友爱。每位同学要有环保意识，做到爱护动物和花草树木，严禁学生攀折花草树木。
⑤活动中注意言行文明，爱护公共设施，不乱写乱画；注意公共卫生，不乱扔果皮纸屑，及时清理垃圾，保持各班的活动场地整洁卫生。每个学生带好一次性桌布和保洁袋，随时收好果壳纸屑。
⑥注意生命安全，远离危险地区，学生禁止在野外生火，禁止携带水果刀等危险物品。
……

（三）争做小小安全员

1."头脑风暴"——安全过红绿灯

（1）教师：同学们，此次出行我们全年级的学生一起出动，在行进过程中队伍拉得很长，常常由后勤老师站在马路中间，拦住过往车辆让同学们通行。同学们奔跑着、呼喊着过马路，觉得绿灯时间太短了。有时一个班的学生被分隔在马路两边，同学们望着马路对面的同伴，兴奋地叫着跳着，增加了老师的焦躁情绪。那么，同学们如何又快又安全地过马路呢？大家有什么好的办法吗？请和同伴们一起讨论交流。

（2）学生交流讨论，提出解决办法，最后教师进行总结。

预设1：到了红绿灯路口，将原先的每班两路纵队变成做操时的六路纵队，这样队伍的长度就大大缩短了。

预设2：由原先一个班接一个班过马路变成两个班同时并列在马路边等候绿灯。这样绿灯的时间，就有两个班的同学安全快速地过了马路，不再影响车辆的通行。

……

2.预防溺水我在行

教师：同学们对于预防溺水的知识了解多少，请同学们分组交流一下。

预设1：不能独自前往危险水域玩耍，不在水中打闹、嬉戏等。

预设2：如果遇到溺水情况，保持冷静，保持头部在水面上，然后进行呼救。

……

教师：老师这里有防溺水"六不准"和防溺水安全标志，让我们一起来看看吧。

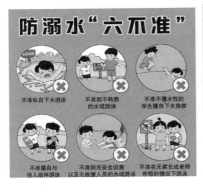

（四）明确远足要求

教师：此次远足不同于一般意义上的春游或者秋游，请同学们想一想，我们应该穿什么，带什么，并做好哪些准备呢？

学生讨论明确。

1.关于装备的要求

（1）背包：学生准备简易背包，不装任何不必要的东西。（减轻不必要的物品造成的负担）

（2）鞋子：穿运动鞋。鞋带要系紧，使鞋子包脚良好。如果鞋底较薄可以多加一双鞋垫或穿厚一点儿的袜子。（运动鞋底厚且有弹性，方便行走，穿上厚一点儿的袜子可以减少脚与鞋底的摩擦，减少起水泡的机会）

（3）物品：带上柔软的擦汗毛巾。

（4）食物：准备适量的水和干粮，切记不可过量（在远足途中，因胃肠消化功能的自然减弱，不宜食用肉类等高脂肪、高蛋白且不易消化的食品）。应当携带能够迅速释放能量的以碳水化合物为主的面粉类食品，以及蔬果、运动饮料等易消化食品。另外，不要带一些不健康食品。出发前准备好含一定盐分的水。（远行途中运动量大，流汗多，盐分缺失，淡盐水可迅速补充人体所需盐分，帮助恢复体力）

2.关于远足途中的要求

（1）平路时放松，用大腿带动小腿。步伐均匀有节奏感。肩沉背挺，用腹部深呼吸。

（2）不要追赶别人，走自己的节奏。最好的行走速度是走而不喘；不要时快时慢，时跑时停，尽量保持匀速，不要追求速度，欲速则不达，重在安全进行。

（3）不乱扔垃圾，垃圾自行处理，每人准备一个垃圾袋。

（4）在沿途时定点或不定点清点各班学生人数，并做好登记和处理，确保不忽视、不漏掉每一个学生。

（5）讨论制定评价方法，形成远足评价量表，评选出本次活动的优秀学生。

（6）根据学生在远足途中的表现，形成学生自评和教师评价。学生自评以星级评价，每颗星2分，每题最高10分；教师以分数评价，每题最高10分，满分120分。

要素	关键表现	学生自评	教师评价
探究意识	积极参与远足； 大胆尝试并表达自己的想法		
自尊自律	具备基本的安全知识； 遵守活动纪律		
环保意识	爱护环境，不乱扔垃圾； 爱护公物，勤俭节约不浪费		
兴趣态度	主动参与，积极出谋划策； 按时认真完成远足		
团队精神	服从安排，一切听从指挥； 主动与同伴合作，互帮互助		
沟通分享	乐于交流，积极分享自己的心得体会； 敢于发表看法，虚心接受别人的建议		
自我评价总分			
教师评价总分			

（五）完成"远足调查表"

1. 完成"远足调查表"

教师：我们即将要徒步远足，在出发前，请同学们和爸爸妈妈一起讨论并结合课上老师讲解的知识完成"远足调查表"。

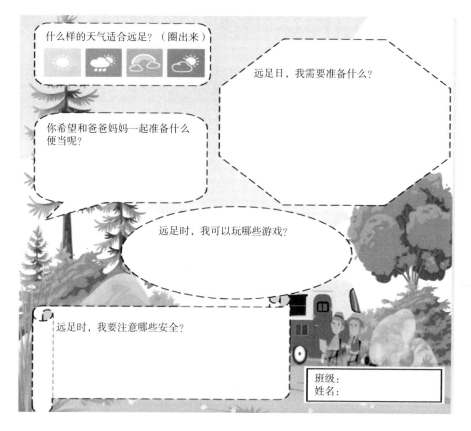

2.学会认路线图并设计路线图

　　教师：同学们，什么样的行走路线才是最适合的呢？请同学们结合自己的实际经验，或者和爸爸妈妈一起实地调研，最后发挥自己的绘画能力，设计出独一无二的线路图吧。设计完以后请家长提一提意见，并和同学们交流一下，比一比，看谁设计的路线最合理。

（六）板书设计

快来给我们的远足制定
一份路线图吧！

三、远足进行时

（一）远足途中安排

（1）学生徒步走到目的地，途中教师提醒学生注意安全，不要掉队。

（2）教师提醒学生遵守交通规则，爱护周围的环境，不随地吐痰，不乱扔垃圾。

（3）班级教师、随行教师以及家长分别随行照顾学生，保证学生的安全。

（4）在徒步行走中，教师随时观察学生的状态，调整行走速度。

（5）志愿者家长一路陪同，帮助维护十字路口的秩序，疏导往来车辆。

（6）行走过程中教师要把握教育契机，引导学生观察树木的变化，感受自然之美。

（7）到达目的地后，清点学生人数，组织学生如厕、休息、喝水等。

（二）现场活动组织

1.搭帐篷比赛

教师讲解搭帐篷的要点，并做示范。

（1）将露营三件套（帐篷、防潮垫、睡袋）放在学生面前，带领他们认识露营三件套。一般露营的话会用三季帐，因为它比较轻而且方便携带。

（2）学习与帐篷有关的知识：帐篷分为内帐、外帐、帐篷撑杆、防风绳及地钉。将帐篷打开，让学生了解帐篷的结构及每一部分的用途。三季帐通常较轻，一般用于春、夏、秋三季较温和的气候中。三季帐通常在风雨中表现良好，但是设计特点也决定了它难以应付降雪量过大的情况。三季帐还有一个特点，它有一定的通风设计，为满足不同需求，一般会设计成双层帐篷，分为内帐和外帐，内帐有全卡丝网的内帐和半卡丝网的内帐，内帐和外帐有的还可以单独使用，这样就满足了对春、夏、秋季节的不同需求。

（3）教师为学生示范帐篷的搭建方法并提醒安全注意事项，尤其注意保持帐篷与帐篷之间的距离，提醒学生在撑帐杆的时候，不要戳到其他人，不要拿着帐杆玩耍。

（4）让学生以小组为单位自由探索，在提前规划好的场地上搭建帐篷，教师在一旁观察孩子们的状态，适时为他们提供指导。

（5）等学生搭好帐篷之后，教师挨个儿检查每个学生的帐篷，并跟他们分享每个帐篷搭得好的地方，以及需要改进的地方，注意打开帐篷的透气窗。

（6）让学生在帐篷里铺好防潮垫，之后便可以在帐篷里自由活动，需要提醒学生进帐篷前要脱鞋，进出帐篷需要及时拉上帐篷内帐的拉链。

（7）活动结束后拆帐篷并收纳也是一件考验人的事情，教师可以让学生按小组合作，把帐篷拆下来，并把每个部件整齐地码放好，同时要注意安全问题，防止戳伤。

2. 实践活动

学生按照小组分工，实践操作，教师巡视指导。

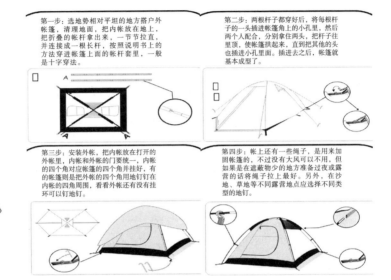

第一步：选地势相对平坦的地方搭户外帐篷，清理地面，把内帐放在地上，把折叠的帐杆拿出来，一节节拉直，并连接成一根长杆，按照说明书上的方法穿进帐篷上面的帐杆套里，一般是十字穿法。

第二步：两根杆子都穿好后，将每根杆子的一头插进帐篷角上的小孔里，然后两个人配合，分别拿住两头，把杆子往里顶，使帐篷拱起来，直到把其他的头也插进小孔里面。插进去之后，帐篷就基本成型了。

第三步：安装外帐，把内帐放在打开的外帐里，内帐和外帐的门要统一，内帐的四个角对应帐篷的四个角挂好，有的帐篷则是把外帐的四个角用地钉钉在内帐的四角周围，看看外帐还有没有挂环可以钉地钉。

第四步：帐上还有一些绳子，是用来加固帐篷的，不过没有大风可以不用，但如果是在遮蔽物少的地方准备过夜或露营的话将绳子拉上最好。另外，在沙地、草地等不同露营地点应选择不同类型的地钉。

3. 做游戏

在搭完帐篷后组织学生游戏，全班或分组进行游戏。

活动项目：①找一找秋天的树叶；②寻一寻秋天的声音和花朵；③用一用积秋之语。

4. 野炊

活动完之后，可以组织学生野炊，感受自己做饭的快乐，同时教师要提醒学生注意安全问题。

（1）食物安全：不要食用野蘑菇或陌生的果实，尽量不食用烟熏火烤的食品。

（2）个人卫生：注意个人卫生和环境卫生，随身携带消毒纸巾以供擦手。

（3）环境安全：增强防火防溺水安全意识，用火完毕及时熄灭火种。

四、我的远足回忆录

（引言）教师：同学们，这场秋日远足已经顺利结束，你们用脚步丈量前行之路，用汗水体验奋斗之美，前方道路漫漫，但风景无处不在，收获如影随形，微笑始终在同学们的脸上绽放，无论汗流浃背抑或气喘吁吁，同学们仍坚持前行，老师为你们自豪。同学们可以完成之前发的评价表。

教师：接下来就让我们跟随视频、照片回顾那场秋日的远足。

（教师播放视频，展示照片，学生之间自由交流感受）

预设1：这次远足，我印象最深刻的就是大家比赛搭帐篷的情景，为了这次比赛，我提前在家里练习了很久，幸好比赛结果没有让小组成员失望。

预设2：我一想起来就觉得有趣，当我们到达目的地，围坐在草地上休息的时候，一个同学来分零食，他把零食往空中一抛，我们顿时像三天没吃饭一样，跑过去接零食，嘴里还喊着"我要，我要"。

预设3：这次远足，我可是收获满满，虽然这条路线在平时已经和爸爸妈妈走过很多次了，但和同学们这样全程走下来，还是第一次，真是太有意义了，而且我还收集了很多美丽的树叶，将它们制作成了一幅漂亮的树叶画。

（总结）教师：同学们，相信这次远足对于大家来说一定是一次难忘而又美好的经历吧。金秋十月处处是风景，同学们手拉手一起去远足，主动承担起照顾其他同学的责任，徒步往返途中除了自己要学会坚持，还要为同伴加油鼓劲，在与社会、自然的连接中赋予远足新的意义。在最美的童年里，留下最美好的回忆……请同学们从以下几个活动中任选一个，留下属于自己的这份珍贵回忆。

远足的过程一定让你难以忘怀，快来试试动笔写一写吧！

活动一："我"的远足日记

> **10月23日　　星期五　　天气晴**
>
> 　　远足刚开始时，阳光明媚，同学们都有点儿兴奋，一路上说说笑笑，笑容灿烂。阳光透过树叶直射到地面上，形成五光十色的光环。枝头的小鸟在欢快地歌唱，好像在说："欢迎你们！欢迎你们！"路边的野花遍地开着，它们在大地上自由生长，展现了各种不同的颜色和形状。有些花朵洁白如雪，像一片洁净的云朵；而有些花朵粉红似霞，宛如少女脸颊上的红晕；还有一些花朵红艳如火，仿佛燃烧着生命的热情；而另一些花朵则黄绿如金，在阳光下光芒，真是美不胜收。
> 　　突然，前方有一阵叫喊声："前方有消防栓，请注意！"这阵声音逐渐往后传播着，"前方有垃圾桶，请注意！"同学们这善良而又纯洁的品质深深地打动了我……

活动二："我"的远足发现

　　同学们，在这场用脚步丈量世界的活动中，你们一定有许多新奇的发现。发现了长刺的树，熟了的山楂，喔喔叫的大公鸡，还有树叶上虫子吃的小洞……那么，请试着完成下面这张记录表，记录下秋天的美好。

成长记录站

得分

🍂 大自然的颜色

🌿 大自然的形状

🍃 大自然的感觉

🍁 大自然的宝藏

活动三："我"的远足手账

远足活动结束了，同学们一定从最开始的选择目的地、分组到制作队旗，再到踏出脚步圆满完成任务，有了很多的心得，不妨拿起笔，图文并茂地记录下来，制作成一张远足攻略或者远足手账。

【活动总结】

（一）活动意义

第一，锻炼身体，缓解压力，保持学生身体心理健康。徒步远行能够增强小学生的心肺功能，提高他们的耐力和体力，长时间的行走可以帮助他们更好地适应户外环境，提高身体素质。同时，远足为学生提供了亲近自然的机会，学生呼吸新鲜空气，暂时远离紧张的学业，放松了身心，缓解了压力。

第二，活动自主性、生成性、互助性、探索性强，有利于学生全面发展。本次远足系列活动由学校发起，全程由学生自主策划和完成，是一次极具实践意义的活动。在活动中，教师让学生自主学习，思考探究，遇到问题协作完成，学生逐步学会了遵守规则、合作、团结、理解等，培养；学生积极主动、认真专注、不怕困难、敢于探究、勇于尝试等良好品质。另外，徒步远行也让学生更加关注自然环境，了解了环境保护的重要性。

（二）活动反思

第一，学生排队乱，缺乏纪律性。虽然临行前反复强调队伍纪律，但渐渐地，学生的视野被风景吸引，行走一段时间后，队伍变得散乱，学生放肆交谈，队伍也变得吵闹起来，过红绿灯时学生争抢着比赛跑过去，加大了安全隐患，也增加了教师的管理难度。因此，下次活动时一出发就要严整队伍，尤其是要在过马路时增加每班的教师人数，协助管理。

第二，学生丢失物品。远行途中会安排学生隔一段时间停下休息，即使再次出发时教师提醒学生收拾好自己的随身物品，但还是有学生会遗漏随身物品。所以在下次活动时，应让学生在随身物品上贴好标记，并要求他们随时检查随身物品。

实践案例五　楚法莲藕煨排骨

【活动背景】

《义务教育劳动课程标准（2022年版）》规定以培养学生的核心素养为导向，围绕日常生活劳动、生产劳动和服务性劳动，以任务群为基本单元，构建内容结构。光谷第二十五小学从实际出发，结合校园劳动基地特色和日常生活劳动方向，建立了自助厨房实操基地。一系列贴近生活的问题，启发学生在解决问题的过程中，通过主动交流经验、上网查阅资料等方式，掌握简单的烹饪方法，初步形成健康饮食的观念。在亲身实践中，体会劳动的不易，形成为家人服务的劳动观念和家庭责任感。

烹饪是一项日常生活中的实践技能，可以培养学生的动手能力、创新思维能力和合作意识，可以促进学生形成劳动意识，是进行劳动教育的重要途径之一。通过开展楚法莲藕煨排骨的活动，让学生亲身体验食材的清洗准备、煨汤的步骤和美食的鉴赏，经过动手、动脑、大胆创新，养成积极思考、主动探究的好习惯，体验活动的乐趣，发展创新思维，提高学生动手操作的能力和耐心细致的观察水平。开展系列活动让学生初步形成团队意识与协作精神，发展学生的烹饪技能，形成崇尚劳动、热爱劳动的品质。

【活动目标】

认知目标：了解莲藕排骨汤的制作步骤和莲藕的品种分类，知道如何选择合适的食材，学习楚法莲藕煨排骨的烹饪过程。理解楚法莲藕煨排骨的历史和文化背景，掌握莲藕和排骨的营养价值和对身体的益处。

理解不同烹饪阶段对成品最终口味和质地的影响。

行为目标： 能够自己动手烹饪莲藕排骨汤，培养动手操作的能力，能够独立完成楚法莲藕煨排骨的烹饪过程；能够把握火候和时间，确保菜肴烹饪到绝佳状态；能够评估成品的质量，并根据需要进行调整。

情感目标： 体验烹饪的乐趣，提高参加家庭劳动的积极性，增加同学或家人之间的亲密感，通过共同参与烹饪过程促进彼此间的沟通和交流，以及培养对中华传统美食的兴趣和热情。

【活动准备】

工具：砂锅、汤碗、漏勺。

食材：莲藕两节、排骨两斤、食盐、料酒、鸡精、白胡椒、生姜、大蒜、小葱、花椒、枸杞、枣等。

【活动过程】

一、文化介绍

莲藕排骨汤是湖北省的一道传统名菜。湖北是千湖之省，被称为"莲藕之乡"，在湖北，素有"无汤不成席"的说法，但凡筵宴，压轴的必然

是一罐鲜醇香美的汤。莲藕排骨汤浓缩了荆楚美食文化的精华，是"中国菜"里湖北十大经典名菜之一，是湖北人招待客人的必选菜肴之一。

莲藕排骨汤的非遗文化介绍（播放视频文件）：莲藕排骨汤是湖北人喜爱的菜，逢年过节或者是家里来了客人，主人都会煨上一罐莲藕排骨汤来款待亲朋好友。早在 2011 年，武汉煨汤技艺就被列入湖北省省级非物质文化遗产名录。作为武汉煨汤技艺传承人的喻少林，50 余年来坚持传承传统技法，做好一碗原汁原味的汤，用初心守住武汉的味道。在武汉人的饮食习惯中，喝汤是极具广泛性的一种饮食喜好，当地民俗谓之无汤不成席。武汉地方语境中的汤，专指用铫子或瓦罐、陶罐煨制出的表层飘着一层白黄浮油的浓汤。而我们通常所说的江西的瓦罐蒸汤或广东人用陶瓷砂罐煲出来的清汤与武汉的浓汤有所不同。

二、器具介绍

教师：今天我们来炖莲藕排骨汤，在炖汤之前先来看看，大家认识这个器具吗？它叫铫子。铫子是一种煎药或烧水用的器具，形状像比较高的壶，口大有盖，壶身两旁有柄，是用一种深灰色的粗砂制成的，厚壁内有许多细小气泡，具有容量大、导热慢、保温好、传热均匀等特点，适合小火慢煨。

　　湖北人喜欢用铫子煨莲藕排骨汤，一般是早上煨，晚上才能喝，铫子一般越老越好，很多人家里的铫子都传承了几代人。铫子极易破，所以舀汤的时候不要用力刮铫子底和壁。如果没有煨汤专用的砂铫子，可以用普通的砂锅代替。铫子用完后不能用力擦洗，也不能用洗洁精，只能用热水冲洗干净。

三、营养小贴士

　　（1）排骨最好选择猪前排，前排肉嫩、骨头粗壮，出汤效果好，适合用来熬汤。排骨焯水时要冷水下锅。

　　（2）莲藕是常用食材之一。莲藕选颜色比较黑的粉藕，口感比较软糯。李时珍在《本草纲目》中称藕"医家取为服食，百病可却"，可见莲藕有一定的食疗功效。

　　（3）此汤可清热消痰、补血养颜，贫血、心慌失眠的人群可以多喝。

四、莲藕知识讲解

（一）种植和经济知识

莲藕喜温、喜光，生长期不宜缺水，适合种植在富含有机质的土壤和黏土壤中。武汉市蔡甸区因具有独特的地理位置和气候，所以拥有悠久的莲藕种植历史，所产莲藕品质优良、营养丰富、口味香甜，药用食补皆宜。武汉市农业农村局于 2021 年公布，蔡甸区莲藕种植面积达 10 万亩，年产值达 21 亿元，是全国最大的县（市）级莲藕生产和销售基地。同时，随着中国莲藕种植技术的进步和生产的快速发展，"藕—鱼"生态种养模式（莲藕田块套养黑鱼）得到广泛推广，实现了一田双收、藕鱼共生。

莲藕产业是劳动密集型和高强度劳动产业，尤其是采收环节，劳动力需求量大，劳动强度大，仅采挖人工费用就占生产成本的 30%～ 50%，且生产劳动力成本不断攀升，影响了产业的健康发展。

（二）莲藕排骨汤的食用价值

煮熟的莲藕性味甘温，能健脾开胃、益血补心，故主补五脏，有消食、止渴、生津、滋补等功效；排骨味甘性平，入脾、胃、肾经，有补中益气、滋养脾胃作用。莲藕排骨汤主要由猪排骨、莲藕、食盐等一起炖煮而成，口感清新，营养丰富。秋冬之际经常食用，对身体十分有益：莲藕排骨汤中含有大量的植物纤维以及黏液蛋白，能够起到润肠通便、清肝热肺的作用。汤中含有大量的微量元素，特别是铁、钙、磷元素等，能提升人体的造血功能，有效地缓解气虚，适合贫血及体弱的人食用，能起到滋阴补阴的作用。

（三）如何分辨脆藕和粉藕

脆藕脆响，精巧修长，外表光滑颜色较白，比较有光泽，口感脆爽多汁，回味甘甜，适合凉拌和清炒。

粉藕软糯，粗壮圆滑，外表粗糙呈现黄褐色，生吃口感带有涩味，煲汤久煮不烂，适合煲汤和制作成藕粉。

脆藕 **粉藕**

那怎样区选择藕呢？

（1）看颜色：莲藕选表皮微黄带麻点的，一般正常的完好的莲藕表皮偏淡黄色或者粉红色。

（2）摸表皮：一般没有经过有机化学物质浸泡的莲藕表层会出现土壤或者坑坑洼洼的印痕，摸上去较为毛糙的莲藕是粉藕，摸上去较为平滑的一般是脆藕，大家可以依据自身的爱好来选购。

（3）看长度：一般莲藕都是一节一节的，藕节越少越粗壮的话，表明莲藕生长得比较全面，成熟度比较高，该类莲藕的口味比较好，还会带有一定的清甜味，一般情况下应选购持续节的莲藕，水分和糖分会较为充分，断节的莲藕一般口味不佳。

（4）掂净重：常规的莲藕握在手上是有一定重量的，如果十分轻，则表明莲藕水分流失，或者里边是空的或早已腐烂。一般用于煲汤的粉藕淀粉含量比较高，掂下去相对比较重，而用于炒菜的脆藕相比粉藕而言会轻一些。

（5）看藕孔：不一样的莲藕里的藕孔总数是不一样的，莲藕的藕孔一般分成9孔和7孔。9孔的莲藕一般较为洁白，其含水量也比较高，适合炒菜，属于脆藕。而7孔的莲藕色调大多呈黄色和粉色，淀粉含量高，水分偏少，吃起来较为软糯，属于粉藕，一般用于煲汤和压榨莲藕粉。但不论是多少孔的莲藕，出气孔大的，汁会较为多一些，并且相对也甜一些。

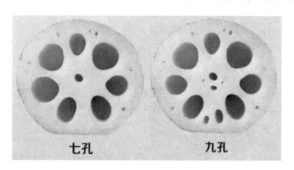

七孔　　　　九孔

五、藕汤制作流程

（1）排骨切块，莲藕去皮洗净，生姜洗净去皮，小葱洗净切成小段备用。

（2）焯排骨：先在锅中放入排骨和适量的清水，然后加入少许料酒、生姜片，煮沸约1分钟后关火，撇去水面的浮沫，捞出排骨，并用凉水冲洗干净，控干水分。

（3）炖（炒）排骨：锅中倒油，将油烧至七八成熟，将焯好水的排骨下入锅中，再加入生姜片、蒜瓣、花椒等佐料进行翻炒，炒至表面微黄，加入凉水没过食材大火烧开，再次撇去水面的浮沫，转小火慢炖。

（4）炖莲藕排骨汤：在炖排骨的同时，用刀把莲藕切成大块，并加入少许盐抓拌均匀进行腌制。排骨汤炖30分钟后，加入藕块，继续小火炖1小时左右，加入适量的食盐、白胡椒粉，待莲藕、排骨炖熟后撒上切好的葱花。关火，装盘上桌，将炖好的汤用汤碗盛好，鲜香可口的莲藕排骨汤就完成了。

①藕切成滚刀块 再撒些盐　　②排骨焯水后捞出　　③锅中放葱姜爆香排骨

④排骨倒入炖锅　　⑤加入多点清水　　⑥放几个红枣和几粒花椒开始炖

【成果落实】

在进行莲藕排骨汤的演示操作之后，教师将全班学生分为若干小组，并设置小组长。组长进行人员分工，分别进行莲藕排骨汤的制作。最后进行评比，组长和教师对每个组员的表现进行打分，具体评比的指标可参考劳动评价表。

小组岗位分工：

组长：主要负责全局的统筹调度工作。

食材准备员：主要负责食材的准备工作。

烹饪小厨师：主要负责食材的烹饪工作。

清洁小队员：主要负责烹饪过程中的卫生工作。

随时调度员：负责听从组长的安排，及时对欠缺或者较为忙碌的岗位进行补充。

【活动评价】

劳动课程建立和实施之后，较为重要的就是对劳动课程进行评价，好的劳动课程评价机制是课程发展的助推力，同时有利于引导学生树立

正确的劳动价值观，提升实践创新能力，进而成为一名懂劳动、会劳动、爱劳动的时代新青年。本课程依据四大核心素养建立评价。

（1）劳动课程表现评价表，表格评价主体为学生本人、同学、教师，可依据表格的评价指标进行评价（详见附件1）。

（2）厨房课程菜品评分标准表，表格的评价对象为学生在课堂中做出的菜品（详见附件2）。

【活动拓展】

活动一：莲藕排骨汤手绘大赛

活动目的： 美食是一个国家和民族历史文化成就的重要标志，是人类共同的文化财富。为进一步提高学生对传统美食的关注，传承与弘扬中华优秀传统文化，营造非遗保护的良好社会氛围；同时，培养青少年健康的审美情趣和良好的艺术修养，提高其综合素质，促进艺术教育的健康发展，光谷第二十五小学决定举办主题为"手绘美食 美好生活"的手绘大赛。本次手绘大赛旨在通过参与者的想象力和创意，将莲藕排骨汤这道传统美食以手绘的形式展现出来，激发参与者的艺术潜能，同时加深参与者对传统美食的认识和了解。通过这一活动，也能够促进传统文化的传承与发展。

现将有关事项通知如下：

比赛主题： 围绕莲藕排骨汤进行绘画创作，作品以这道美食为主要内容，可以进行发散思维创造。

评价标准：

（1）创意性：作品独具匠心，能够展现出参与者独特的艺术想法和表现风格。

（2）技法表现：作品的绘画技巧和表现力如何，是否展现出参与者的绘画水平和才华。

（3）主题表达：作品是否符合活动主题，是否能清晰地表达对莲藕排骨汤的理解和想象。

（4）完整度：作品整体完成度和细节处理是否到位，是否展现了参与者的用心和认真程度。

活动对象：武汉市光谷第二十五小学全体学生。

作品展示：

活动二：家乡美食"我"知道

活动目的：活动旨在让学生主动寻找有关自己家乡的美食，并且进行介绍。介绍可以用图片或者视频的方式呈现，在介绍的过程中，一方面可以锻炼学生的自学能力，另一方面可以锻炼学生的表达能力，可以让学生通过美食走进自己的家乡，增加对家乡美食的认识和了解，激发对传统美食的热爱之情，培养学生保护和传承家乡美食文化的意识。

评价标准：

（1）口感：美食是否符合当地特色，口感是否正宗可口。

（2）色香味：美食的外观颜色、香味是否吸引人。

（3）创意：是否有独特的创意性和新颖的设计。

（4）展示：美食的展示效果是否吸引眼球，是否得体。

作品展示（以"豆丝"为例）：

豆丝是以绿豆、大米等为原料，磨碎成浆，在锅里摊成皮，切成丝制作而成的，有汤豆丝、干豆丝、炒豆丝等多种吃法。豆丝是武汉市黄陂区的三大传统小吃（还有黄陂三鲜、黄陂糍粑）之一，也是长江中下游区域的农家传统食品，主要分布在湖北东南部、安徽西南部及江西。用大米、绿豆等按一定比例打浆摊成饼，此时为湿豆丝，一般吃法是直接抹上酱料或自行包菜吃。为了便于保存，可切丝晾干。在湖北黄陂，豆丝是必不可少的年货，每年腊月，家家户户做豆丝，飘出浓浓的年味。

活动三：莲藕做法大比拼

活动名称	蒸藕夹	炝炒藕丝
制作原料	藕、纯瘦肉馅、葱花、姜末、生抽、蚝油、黑胡椒、香菇、鸡蛋、味精	莲藕、干辣椒、花椒、姜、蒜、葱花、料酒、醋、盐、味精
制作步骤	1. 肉馅中加入葱花、姜末、鸡蛋、蚝油、味精、黑胡椒拌匀 2. 香菇泡开后切碎拌入肉馅中 3. 藕切片，两片藕中加入肉馅，夹实，确保不会散开 4. 上锅蒸15分钟	1. 莲藕切丝，放水中浸泡 2. 起锅烧油，将葱姜蒜放入锅中煸炒，炒香后用铲子取出来，只留底油，待油凉，放入干辣椒和花椒 3. 放入藕丝翻炒三分钟，加入料酒和醋，翻炒三四分钟 4. 临出锅前放入盐和味精，拌匀后即可出锅
制作技巧	1. 煸炒时火候要掌握好，不能过火炒焦 2. 调味料的使用要适量，不宜过咸或过淡 3. 蒸煮时要注意时间，过久会导致藕夹过干，影响口感 4. 蒸藕时注意蒸锅内的水位，保证水位不要过高或过低 5. 蒸熟后，可以根据个人口味添加一些调味料，如盐、味精等	1. 油温适中，炒制过程中注意火候控制，避免炒煳 2. 蒜、姜炒香后再加入藕丝，能够提升整体口感 3. 加入调料时需适量，切忌过量，以免影响口感 4. 翻炒时要均匀轻柔，确保每根藕丝都能入味，同时避免藕丝断裂，影响视觉效果 5. 出锅前尝味，可根据个人口味适当调整调料用量
注意事项	1. 选择新鲜的莲藕，莲藕应表面洁净、无损伤和病斑 2. 切藕时注意刀具的安全使用，避免切伤手指	1. 切藕丝时要求均匀细长，可以尝试使用刨丝器或者刀具横向切割再切丝，安全第一 2. 炒菜时一定要保持手部的卫生

（续表）

活动名称	蒸藕夹	炝炒藕丝
评价标准	1. 外观：色泽金黄，质地饱满 2. 口感：藕片软糯，肉质鲜嫩 3. 味道：鲜美可口，调味适中	1. 色泽：色泽鲜艳，清爽可口 2. 口感：藕丝软糯，清脆爽口 3. 味道：口味鲜美，咸甜适中
作品展示		

【活动总结】

本活动通过介绍莲藕排骨汤的制作，对食材选购、洗切的学习，旨在引导学生关注烹饪，从而起到培养学生日常生活劳动能力的作用。此次活动做得好的地方有以下几点：

（1）活动流程清晰。首先介绍了本次活动的主要目标，对学生进行了分组。其次由本组成员进行组内分工。最后，各小组进行作品的制作和展示环节。

（2）活动内容丰富。在讲解的过程中，由浅入深，先讲解一些简单的制作方法，然后进一步制作。结合视频，形式多样化，通俗易懂，富有创造性。

（3）教师表达清晰。教师非常有耐心地带着学生共同完成作品，能够调动大家的积极性。

（4）小组指导充分。在烹饪过程中小组成员相互帮助，相互沟通，分工明确，获得了绝佳的体验感。

（5）活动过程有趣。此次活动以莲藕排骨汤为主题，同时开展了与

主题相关的各种形式多样、参与感强的活动。学生在活动中积极动手制作，积极展示成果，每个人都参与动手操作。

（6）活动意义深刻。武汉煨汤技艺是湖北省的非遗文化之一。通过本小组活动，学生能够更好地了解这道传统佳肴——莲藕排骨汤，学习并发扬传统文化。

附件1：劳动课程表现评价表

姓名：_____ 班级：_____ 日期：_____

课程名称：_____

核心素养	表现标准	得分
劳动观念	①劳动课程参与度高，积极主动，有劳动热情	
	②能积极主动协助他人完成相关工作，不偷懒，不推责	
	③在家庭中能够主动烹饪所学美食，有良好的家庭责任感	
劳动能力	①能自主准备食材，完成食材的整理、清洗	
	②熟练掌握排骨的清洗和焯水步骤，能对莲藕进行滚刀切块	
	③能够熟练记忆菜品烹饪步骤	
	④能认识和熟练使用烹饪过程中的器具并且使用完毕能及时归位	
	⑤具有安全意识，在劳动过程中能够规范操作，顺利完成菜品	
劳动习惯和品质	①注意烹饪过程中的卫生，能够做到餐具消毒、卫生合格、环境整洁	
	②注意节水、节电和物品、蔬菜的保管归类工作，不造成浪费	
	③餐具、厨具以及桌椅使用后彻底打扫、擦拭，做到无油渍	
	④烹饪过程中，注意个人卫生，穿戴整齐	

（续表）

核心素养	表现标准	得分
劳动精神	①积极解决烹饪过程中产生的困难，不逃避、不畏难	
	②对小组的烹饪作品有较高的质量要求，并能献计献策	
	③能够理解并讲述菜品背后的文化内涵	
	④能够主动融入小组合作，积极主动地完成小组分工任务	
	⑤劳动协作的过程中有良好的沟通和表达能力	
简评		
备注	1. 听课人根据课堂教学的实际情况对相应的评价点打分； 2. 得分中"★★★★"及以上为"A"；"★★★"为"B"；"★★"为"C"；"★"及以下为"D"	

附件2：厨房课程菜品评分标准表

菜名：_____　时间：_____　组别：_____

考核项目	评分标准	评价等级
颜色	色泽是指主料、辅料经过烹饪之后成品所显示的颜色和光泽，具体表现为芡色、配色、汤色以及原料色等，菜品色泽应自然、悦目、和谐	
香味	香气是指菜品的主料、辅料、调料等经过烹饪后而挥发出该菜品应有的自然香气	
味美	味感是指菜品所显示的滋味，如成甜、苦、辣、麻、鲜等味型，包括菜品的原料味、芡汁味、佐汁味能否体现该有的味道且给人留下深刻的印象	
形状	菜肴的形状是指烹调后的菜肴的外表形态和内在结构。其包括原料的刀工规格（大小、厚薄、长短、粗细等），菜品的均匀一致，以及达到统一和谐之美	
摆盘	菜肴的装盘是指造型形态点缀物协调优美，盛装的器皿与菜肴相搭配、相得益彰，给人以美感	

（续表）

考核项目	评分标准	评价等级
营养	菜品的营养取决于菜品所含营养成分的种类、数量、相互比例及消化吸收与利用程度。营养价值的高低主要看菜品的原料构成是否合理，调制方法是否得当	
创意	构思新颖，色、香、味特点突出	
备注	1. 听课人根据学生菜肴的具体情况对相应的评价点打分； 2. 得分中"★★★★"及以上为"A"；"★★★"为"B"；"★★"为"C"；"★"及以下为"D"	

实践案例六　种植番茄乐陶陶

【活动背景】

在《义务教育劳动课程标准（2022 年版）》颁布后，劳动教育在学生学习生活中所占的比重越来越大，种植是一件有趣的事，可以激发学生对劳动学习的兴趣，对培养学生的实践能力以及丰富学生的日常学习生活极其重要。

因此，创设"种植番茄乐陶陶"的经营游戏，学生可以通过种植番茄来感受持续性劳动的艰辛和不易，懂得珍惜劳动成果，养成持之以恒的劳动品质，树立正确的劳动观点和劳动态度，提高思想道德素质和综合素质。

【活动目标】

认知目标：让学生了解番茄的品种分类和种植过程，知道如何选择合适的种子、培养环境，观察番茄在不同周期里的生长情况，体会植物生长的魅力，进而达到本次劳动教育课程的目标。

行为目标：学生能够依据番茄种植方法的提示，自己动手种植番茄，培养动手操作的能力，能学会用不同的方法对自己所种植的番茄生长全过程进行观看、记录。在种植过程中，初步学会与他人合作劳动。

情感目标：通过番茄种植活动，引导学生体验劳动的乐趣，使学生树立正确的劳动观念，端正劳动态度，初步形成关爱生命、尊重自然、遵循动植物生长规律和季节特点、进行科学劳动的观念，初步学会与他人合作劳动，在种植和饲养过程中不怕困难，养成有始有终的劳动习惯，懂得"一分耕耘，一分收获"的道理。

【活动准备】

在种植番茄前教师和学生需要做以下活动准备：

教师准备：①种植记录单、番茄种植视频等学习活动用具；②番茄种子、育苗盘、营养土、剪刀、锄头、铁锹、农药、喷水壶、垃圾袋等；③整理"番茄的一生"成长记录册；④记录、拍摄学生种植番茄的实况。

学生准备：①完成对番茄知识的搜索调查；②活动过程中发现问题能及时寻找解决办法。

【适用年级】

本活动适合小学四、五年级。

【活动过程】

一、种植园里识农具

认识农业生产用具：

（1）草帽：用麦秸或棕绳等物编织的帽子，帽檐较宽，日常劳作可用来遮雨、遮阳、防沾尘土。

（2）锄头：锄地、除草用具，是我国传统的一种农具，其刀身平薄而横装，收获、挖穴、作垄、耕垦、盖土、除草、碎土、中耕、培土作业皆可使用。

（3）铁锹：一种用于耕地、铲土、挖沟、翻土的工具，其长柄多为木制，头是铁的，还可军用。常用的铁锹按形状分为尖头铁锹、方头铁锹两类。

（4）犁：一种翻土用的农具，有许多种，由畜力或机器牵引，也有用人力来驱动的，用来翻耕土壤、改善土壤结构、混肥等，从而为播种做好准备。

（5）耙：一种长柄农具，一端有铁齿、木齿或竹齿。耙在中国已有

1 500年以上的历史。耙按用途通常分为两种，一种用来平整土地，一种用来归拢或散开谷物、柴草等。

（6）箩筐：用竹子或柳条等编成的器具，主要用来盛装粮食等。在轮式机械运输工具没有出现之前，箩筐还兼具转运生产物资或生活用品的作用。

（7）木桶：一种木制日常用品，可用于盛装水等液体，通常带有提手，方便搬运。古代酿酒酿醋，也需借助木桶来完成发酵。木桶的制作工艺非常复杂，人们通常将专门制作和维修木桶的人称作箍桶匠。

草帽　　　　锄头　　　　铁锹　　　　犁

耙　　　　　箩筐　　　　木桶

二、番茄品种大观园

（一）认识番茄的种子

番茄的种子是包裹在果肉里面的，因此取种的时候需要有发酵过程将果肉分离掉，才能将种子取出来晾干收藏。可以先将种果清洗干净，在果实中部横切成两半，然后用小刀将子房内种子连同胶液一起挖入盆中。需要注意的是，不要用铁、铜等金属容器收集种液，以防锈蚀，也不能在种液中加水，以防在发酵时种子发芽。

（二）常见番茄种类

（1）宁安番茄，果实扁圆形，果面光滑圆整，大红色，色泽靓丽，果脐小，萼片大而美观。果实大果型，硬度大，耐贮运，酸甜适度，果重250～500克。

（2）高台黑番茄，果实圆球形，颜色黑红有光泽，果肩呈绿紫色；硬度适中，果汁多，鲜食酸甜可口、风味浓郁，也可制酱、制干。

（3）樱桃番茄，也叫作圣女果、袖珍番茄、迷你番茄等。原产于热带，果型较小，水分较多，有中黄、橙黄、翡翠绿等颜色。

（4）罗马番茄，它有着长形且椭圆形的轮廓和深红色的外表，这是一种比较大的番茄品种。罗马番茄有着坚韧的果肉和更少的肉汁，这使它非常适合用于制作沙拉和烤番茄酱等菜肴。

（5）牛心番茄，是一种外形特殊、果实丰满的番茄品种。它的果实呈现出心形或牛心形，个头较大，一般直径达到8厘米以上。外表色泽鲜艳，果皮光滑，肉质肥厚，口感甜美。

根据刚才的介绍，请同学们看图填一填对应的番茄种类名称。

（　　　）　　（　　　）　　（　　　）　　（　　　）　　（　　　）

三、番茄种植小妙招

番茄的种植时间：番茄有两个主要的种植时间，2～5月份以及7～9月份。

种植番茄有哪些方法和步骤呢？让我们一起来实践观察吧！

活动准备：铁锹、锄头、营养土、育苗床（泡沫箱）。

（一）种植步骤

1.选取种子、浸种催芽

首先需要获取种子，鉴于从番茄的果实中获取种子较为复杂，可以直接到市场购买番茄种子。需要注意的是，应购买品种优良的种子，这样种植出来的番茄才美味。

获取到优良的种子后，需要将种子放在清水中浸泡2小时，然后放入温度保持在45～50摄氏度的水中并不断搅动，以使种子受热均匀，持续20～30分后捞出，最后在不保持水温的情况下，继续泡4小时，这样可以促使种子快速生根发芽，而且还能预防病害。

2.育苗

将一些松软的土壤铺到苗床上，然后将浸好的种子撒到苗床上。控制好种子的密度，不要让种子挤在一起，以免影响发育。撒好后，浇水保湿，维持22～28摄氏度的温度，3～4天后即可出芽。

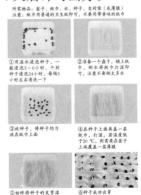

3.选择土壤

番茄喜欢生长在土质疏松、肥沃深厚、透气保水性好的土壤中，因此可以使用营养土，也可以用腐叶土、田园土按照1：1的比例混合，适量添加有机肥，这样的混合土也适合养殖番茄。

4.定植移栽

定植移栽是一种植物栽培技术，主要是将植物从一个地方（如育苗地）移植到另一个地方（如田地、花盆等），让它在新环境里持续生长发育，直至收获或成熟。定植移栽分为起苗、移栽和浇水三步。

起苗：如果是小型花卉等植物，可用铲子小心地将植株从原种植地挖出；如果是大型苗木，可能需要使用专业工具，如起苗铲等，起苗时尽量保持根系完整，带土球起苗是比较好的方式，土球能够保护根系不受损伤，减少对植株的冲击。

移栽：对于小型植物，可以先在新的种植坑中放入部分土壤，然后将植株放入坑中，使根系自然舒展；对于带土球移栽的植株，土球的顶部要略低于地面，接着填土，边填土边轻轻提动植株，让土壤填满根系间的空隙。

浇水：移栽后要及时浇水，这种水被称为定根水。定根水要浇透，让土壤和根系充分接触，帮助植株在新环境中快速扎根。

（二）我是小小种植家

影响番茄种子出芽的因素有哪些？

（1）种子本身的原因：种子发育不完全，种子存储时霉烂等。

（2）气温、湿度、土壤、阳光、水分、肥料等因素。

（3）育苗方法的原因：不同的育苗方法下发芽率有所不同，同学们可以进一步探究浸种土播法、直播法、纸巾育苗法等，比较哪种育苗方法的发芽率更高。

评价指标	评价结果	评价者
会用合适的水温控制时间浸种育苗		□ □ 自己 他人
知道种子密度、温度、时间会影响出芽		□ □ 自己 他人
会取出幼苗，栽到定植地		□ □ 自己 他人
在生长期中适时养护管理		□ □ 自己 他人
我一共得了（ ）颗★		

（三）番茄的种植注意事项

1.整枝搭架注意剪掉多余枝叶

番茄种子生根发芽后移栽，需要注意整枝搭架，即用竹棍使番茄幼苗在土壤中竖立起来，待幼苗逐渐成长起来后，需要将支架搭成人字形，将侧枝、病弱枝叶全部剪掉，这样可以促使番茄更好地生长，结出来的果实也会十分美味。

2.浇水施肥注意时令周期

在进入夏季后，需要每天早晨给番茄浇一次水，每隔20天施一次营养液，番茄结果时，需要每隔半个月施一次有机肥，这样可以使果实更美味。

3.病虫害防治注意喷剂使用周期

（1）病害防治。番茄很容易患上晚疫病、叶霉病、溃疡病等病症，发病初期枝叶会呈现不规则的斑点，然后逐渐扩散，影响番茄生长，影响果实的产量，甚至可能结不出果实，因此需要改善环境，剪掉病枝叶，喷洒嘧菌酯、百菌清800倍液防治，每隔一周喷洒一次，直到番茄枝叶恢复。

（2）虫害防治。番茄常会遇见棉铃虫、蚜虫等虫害，它们会依附在番茄的枝叶上，吸收枝叶中的液汁，还会腐蚀果实，对番茄的危害很大。如果发现少量的虫害，可以通过人工捕虫的方式清除；如果发现大量的虫害，需要喷洒15%阿维毒乳油1 000～1 500倍液防治，每隔一周喷洒一次，连续喷洒三次即可解除危机。

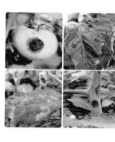

整枝搭架　　　　　施肥　　　　　病害实例　　　　虫害防治
（十字交叉法）　（一次性给足底肥）　　　　　　　　（潜叶蝇防治方
　　　　　　　　　　　　　　　　　　　　　　　　法：挂上小黄板）

教师小结：通过本环节番茄种植小妙招的介绍，相信大家已经知道了番茄的种植方法以及番茄养护注意事项和病虫害防治方法，希望大家都能种植出美味的番茄。

（四）小园丁实记

（1）杰杰领到种子后可高兴了，找花盆、选土、浇水、播种、用塑料袋给土壤保温，每一项活动亲力亲为，忙得不亦乐乎。

（2）泽泽说："我种植的小番茄发芽了，我经常给它浇水、晒太阳，我想让它像我一样茁壮成长。"与同学交谈时，泽泽心里美滋滋的。

（3）欣欣高兴地告诉老师："我种植的小番茄结果了，红彤彤的小果，漂亮极了！我想用它做番茄炒鸡蛋。"

四、争做番茄小卫士

（一）写出提示语

请大家开动脑筋，针对番茄园中的不文明现象写出相应的提示语。

现象	提示语
种植园内乱扔垃圾	我也想有个干净的家
故意折断番茄枝叶	番茄多可爱，请您别伤害
私自采摘未成熟的番茄	请让我安静长大
……	……

（二）制作番茄养护牌

（1）准备一张白色卡纸、一张硬纸板、宽胶带、一把剪刀、一支水笔。

（2）将白色卡纸剪成自己喜欢的图案，在番茄养护相关资料中剪下彩图并贴在白色卡纸上。

（3）用宽胶带将剪好的白色卡纸粘在硬纸板上。

（4）用水笔在标牌上写番茄的养护条件（如适宜的光照、温度等）。

（5）制作完成后，小组进行养护牌的分享展示。

五、番茄成长小档案

（1）收集番茄的生长发育周期资料。番茄的生长发育周期从种子播种、萌芽到第一穗果种子成熟所经历的时期为生长期。发育周期分为以下几个时期：①发芽期；②幼苗期；③开花坐果期；④结果期。

①　　　　　②　　　　　③　　　　　④

①发芽期：从种子发芽至第一片真叶出现为发芽期。在正常条件下，这一阶段需 7～9 天。

②幼苗期：从第一片真叶出现到出现大花蕾为幼苗期。幼苗期包含不同的生长发育阶段，前期为单纯的营养生长阶段，后期虽以营养生长为主，但生殖生长开始了，故幼苗期内还可以分为子苗期与成苗期。

③开花坐果期：从第一花序出现大花蕾到坐果，果实进入迅速膨大期之前为开花坐果期。此阶段仍以营养生长为主，但将过渡到以生殖生长与营养生长并进的时期。

④结果期：从第一穗果进入迅速膨大期到采收结束为结果期，这一时期是果实膨大至成熟的过程。

（2）小组活动：想一想，议一议，共同完成一份番茄种植调查表。

（3）观察种植的番茄，填一填你的小番茄日常。

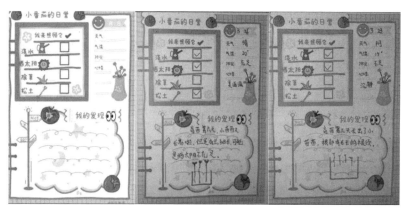

（4）"番茄成长记"手抄报活动。

①活动导入。根据学生种植番茄的实践活动，分享种植过程中的有趣经历和发现。强调手抄报活动的意义，鼓励学生用画笔记录番茄成长的过程。

②知识回顾。以小组为单位，讨论番茄成长过程中的关键阶段和特点。教师引导学生回顾种植过程中观察到的现象，如发芽、开花、结果等。

③手抄报设计与制作。各小组讨论手抄报的布局和内容，确定标题、文字和插图的位置。教师鼓励学生发挥创意，设计独特的版面。学生自由创作与番茄成长相关的手抄报，如番茄苗的生长、果实的变化等。可以使用绘画、剪纸、贴纸等多种形式表现。

④展示分享与评选。小组代表介绍手抄报的内容和创作思路，分享种植番茄的心得；各小组将完成的手抄报展示在教室或校园内，供其他同学参观。设立评选标准，如内容完整性、创意性、美观度等，评选出优秀的手抄报作品，给予奖励，激发学生的积极性。

⑤活动总结。教师对活动进行总结，肯定学生的努力和成果。鼓励学生将种植和手抄报制作的经验运用到其他学习和生活中。

通过这样的活动流程，学生可以将实践活动与手抄报制作结合起来，更深入地了解番茄成长的过程，同时可以提高动手能力和团队合作精神。在展示和分享环节，学生还能互相学习、共同进步。

六、巧烹美味红果果

（一）前期准备

炊具：锅、锅铲、刀、砧板、碗、筷。

食材：2个番茄、2个鸡蛋、3棵葱。

调料：食用油、食盐、生抽。

（二）活动实施

（1）将1个番茄切碎，另外1个切成大块。

（2）将葱白切成小段，将葱绿切碎成葱花。

（3）将2个鸡蛋的蛋液倒入碗中，放入少许盐，打散。

（4）开火，将锅烧热后倒入食用油，油烧热后倒入鸡蛋，在鸡蛋没有完全凝固的时候将鸡蛋盛出来。

（5）将火调小，不用额外倒油，放入葱段，将葱煸香。

（6）放入切碎的番茄，加一点儿生抽和盐，小火炒1～2分，炒出番茄酱的感觉。

（7）放入鸡蛋，打散，再放入大块的番茄，稍微炒热（1～2分即可）之后关火，再放入葱花。

（8）最后盛到盘中，番茄炒蛋就做好了。

（三）注意事项

（1）炒菜时要注意用火安全，开中小火，这样做不仅是为了避免食材炒煳，更是为了避免自己与同学烧伤。

（2）准备食材时，使用刀具要小心，避免划到自己或者同学。

（3）炒菜时要注意安全，避免油溅到身上或手上，建议在老师或家长的陪同下进行。

（四）谁是"番茄炒蛋小达人"

1. 评选过程

（1）展示与试吃：让学生将自己的番茄炒蛋摆在展示台上，然后让评委和同学一起试吃。

（2）评委评分：邀请几位老师或家长作为评委，根据评选标准给每份番茄炒蛋打分。评委可以在评分表上列出各个标准的具体分数，最后得出总分。

（3）观众投票：除了评委评分外，也可以让观众（其他同学）进行投票，选出他们最喜欢的番茄炒蛋。

（4）综合评定：将评委的评分和观众的投票结果结合起来，综合评

定出"番茄炒蛋小达人"。

2.评价标准

（1）味道与口感：番茄炒蛋的味道鲜美，口感嫩滑。

（2）外观与摆盘：菜品整体外观能够吸引人，摆盘整洁美观。

（3）创意与独特性：展现了独特的创意，如添加了特别的调料、食材或是特别的装饰。

（4）技术与技巧：炒菜时的技术熟练，切配得当，火候掌握准确。

评价指标	评价结果	评价者
味道鲜美，口感滑嫩		□　　□ 自己　他人
外观好看，摆盘整洁		□　　□ 自己　他人
有特别的食材和装饰		□　　□ 自己　他人
技术熟练，火候得当		□　　□ 自己　他人

我一共得了（　　　）颗★

七、义卖番茄我吆喝

（一）活动前

1.材料准备

采摘篮、打包盒、手提袋、地垫或展台桌、爱心基金收款码、爱心义卖海报、横幅等。

2.时间地点

时间：2024年6月1日。

地点：某社区。选择爱心义卖场所，提前报备社区相关部门。

3.活动宣传

经过相关部门同意后，在社区社群进行宣传。

4.安全措施

家长、保安陪同。

5.参与人员

销售员、记账员、后勤人员、宣传人员。

（二）活动中

1.简单培训

向学生及家长简单讲解义卖流程，选出销售员、记账员、后勤人员、宣传人员，分别进行培训。

2.丰收果实采摘乐

师生一起采摘番茄，清洗番茄，整理包装番茄（装进打包盒或手提袋）。

3.前往活动地点

师生一起乘坐大巴车前往活动地点。

4.各司其职

销售员负责推销番茄，后勤人员负责整理番茄。

（三）活动后

（1）师生一起打扫场地卫生。

（2）记账员进行收入公示并将全部收入进行捐赠，再将捐赠凭据进行公示。

"劳动采摘＋爱心公益"的创新活动形式不仅能培养学生勤俭节约、不怕困难的精神品质，而且能深化学生热爱劳动、服务社会的劳动意识，彰显以劳育德、以劳树人的重要价值。

【板书设计】

番茄种植乐陶陶

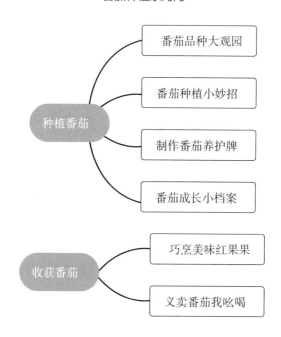

实践案例七　巧手扭花朵朵俏

【活动背景】

随着社会的发展，人们对花束的需求逐渐增加，不再满足于传统的花束款式，现在，自己动手做越来越受到人们的喜爱。同时《义务教育劳动课程标准（2022年版）》也强调学生在劳动中的直接体验和亲身参与，注重动手实践，知行合一，提高学生的劳动素养，初步体验简单的手工制作类生活劳动。在此背景下，DIY扭扭棒花束顺利进入课堂，它可以让学生亲身参与创作过程，满足学生对个性化和独特性的追求，让他们能够亲手制作出自己心仪的花束作品。

因此，本节课的授课人将以"扭扭花匠"的身份赋能并创设制作考核活动来增加学生的体验感，从而使学生对扭扭棒花束的制作产生强烈的探究欲。本节课将以四大考核环节完成对技能的习得、素养的落实。

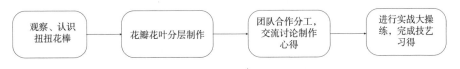

【活动目标】

认知目标：初步认识欣赏扭扭花，思考个性花束的搭配和布局，制作花卉花篮，打造出独特而美丽的花束作品。通过学习扭扭棒花束的制作方法，培养学生的创新思维和对美的认知。

行为目标：指导学生掌握扭扭棒的基本编织技巧和方法，通过扭扭

棒编织过程，引导学生养成细心观察、耐心完成任务的习惯，增强学生的手工艺技能，进一步提高他们的手工操作能力。通过小组合作完成花束制作，培养学生的团队合作能力，提高学生在小组协作中的沟通和协调能力。

情感目标：在一次次的实践操作及创新搭配中，培养学生的审美意识，让他们能够欣赏和理解不同花束设计的美感和艺术价值。激发学生对艺术和手工艺的兴趣和积极性，增强学生发现美、创造美的意识，为他们以后深入学习和发展相关领域创造基础。同时通过考核闯关来提升学生的自信心与成就感。

【活动准备】

（1）准备材料：扭扭棒、花艺胶带、包胶花杆、细铁丝、剪刀、热熔胶枪、钳子等。

（2）准备步骤：

①准备工作台和工具：组拼大桌，清理桌面上的课堂用品，确保有足够的空间供学生操作。

②准备制作花束的视频，以便在视频播放软件上展示扭扭棒花束的制作过程。

③确定学生人数和分组：根据班级人数，将学生分成小组，每个小组由 5～6 人组成，并选好组长。

④分发材料：将扭扭棒、花艺胶带、包胶花杆、细铁丝、剪刀、热熔胶枪和钳子分发给每个小组。

【适用年级】

本课程适合小学三、四年级。

【活动过程】

一、欣赏扭花，认识工具

（一）出示样品，观察特征

（1）将制作好的花朵样品摆放在展示区域，引导学生观察花朵的形状和颜色。提出以下问题：这些花朵的形状是怎样的？它们有哪些不同之处？又有哪些相似之处？这些花朵的颜色有哪些？它们的颜色是鲜艳还是暗淡？有没有你特别喜欢的颜色？

（2）鼓励学生用自己的语言描述花朵的形状和颜色。让学生一个个走到展示区域，选择一个花朵，然后描述它的形状和颜色。其他学生认真聆听并针对描述发表见解。

（3）引导学生欣赏花朵的美丽。可以让学生用手指轻触花朵，使学生感受它们的质地，还可以让学生用眼睛仔细观察花朵的细节，如花瓣的纹理、花蕊的形状等。

（二）让学生了解扭扭棒的基本原理和使用方法，知道注意事项

（1）扭扭棒的基本原理：利用扭扭棒的特殊结构完成旋转和扭曲的动作。扭扭棒的可塑性和易操作性强，适用各个年龄段的人，能够帮助

儿童锻炼动手能力，激发其创造力。

（2）扭扭棒的使用方法：使用者需要握住扭扭棒，并通过旋转和扭曲将两根棒连接在一起。当两根棒扭曲时，它们会发生相互交错的旋转运动，形成许多有趣的视觉效果。

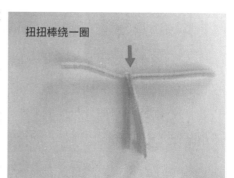

（3）使用扭扭棒时需要注意以下几点：

①握扭扭棒的力度应适中，过轻或过重均可能影响扭转效果。

②扭转时要保持两根扭扭棒平衡，避免向一个方向扭转过多而导致扭扭棒失衡。

③可以尝试不同的扭转方式和速度，探索出不同的旋转效果。

④使用时要注意周围的安全，避免碰撞到人或物。

（三）让学生认识并熟悉扭扭棒制作花卉的工具和材料

（1）扭扭棒：扭扭棒主体通常由金属或塑料制成，具有一定的弹性和韧性。扭扭棒可以扭曲和弯曲，方便进行各种形状的制作。

（2）剪刀：可以将扭扭棒剪裁成适宜的长度，以适应不同制作需求。

（3）热熔胶枪、热熔胶、细线和花艺胶带：用于将不同的部分合在一起，确保扭扭棒的稳固和持久性。

（4）花杆铁丝：用于制作花束、花艺等手工制品的材料。通常是由铁丝或其他金属材料制成的细长棒状物，具有一定的弯曲性和可塑性，可以用来固定、支撑和塑造花材。在制作花束或者花艺时，花杆铁丝可以用来固定花朵、叶片和其他装饰物，使花束或者花艺更美观和稳定。

（5）钳子：用于夹住或固定扭扭棒，以便改变扭扭棒的方向和形状。

（6）颜料：可以给扭扭棒上色，以增加其美观度和吸引力。

（7）打火机：提供足够的热量，将扭扭棒加热至可塑化的温度，以便进行塑形和制作。

扭扭棒制作花卉的工具和材料

二、考核第一关：花瓣花叶，我来做

（一）教师向学生展示如何使用扭扭棒制作花瓣

（1）通过折叠、固定和拉出弧度等方法，可以制作出不同大小和形状的花瓣。
（2）通过调整扭扭棒的长度，可以制作出不同大小的花瓣。
（3）可以添加花瓣，使花朵更加饱满。
（4）收口和修剪花瓣，使花朵更加完美。

（二）教师向学生展示如何使用扭扭棒制作花叶

（1）准备一根绿色的扭扭棒，将其弯曲成一个叶子形状的曲线。
（2）将扭扭棒的两端连接在一起，使其形成一个闭合的环状。
（3）用剪刀将两边修剪成锯齿状，模拟叶子的边缘。
（4）将扭扭棒的表面拉直，使其看起来更像真实的叶子。

（三）学生根据教师的示范，使用扭扭棒制作自己的花瓣和花叶

（1）学生按照教师的示范步骤，将扭扭棒制作成花瓣和花叶的形状，还可以根据个人的想法制作出多种多样的花瓣和花叶。

（2）学生用剪刀修剪扭扭棒，使其形状更加逼真和美观。

（3）学生观察花朵的形态，并使用热熔胶或者利用扭扭棒自身的特性将多个花瓣和花叶组合，制作出一枝完整的花朵。

（4）学生互相交流，展示自己的作品，欣赏彼此的创意并评出相应的等级。

评价标准	具体要求	评价等级
创意与设计	花瓣和花叶的形状、大小、颜色搭配独特、美观，能够展现出创造力和设计能力	
技术与工艺	制作过程中，能够熟练掌握扭扭棒的使用方法，能够灵活运用扭扭棒制作出各种不同形状的花瓣和花叶	
完整度与质量	花瓣和花叶制作完整，没有明显的瑕疵或损坏，能够保持良好的形态和触感	

（续表）

评价标准	具体要求	评价等级
细节与精度	在制作过程中注重细节，如对花瓣与花叶的纹理、边缘的处理等，能够做到精细、精确	
展示与交流	在展示自己的作品时，能够清晰地表达自己的想法、描述制作过程，能够积极与同伴交流，能耐心倾听他人的建议	
备注	1. 学生欣赏彼此的作品并相互打分； 2. 得分中"★★★★"及以上为"A"；"★★★"为"B"；"★★"为"C"；"★"及以下为"D"	

三、考核第二关：四季花卉，我来造

（一）教师向学生介绍四季花卉

1.春季花卉

春季花卉在春天开花，给人带来希望和喜悦。它们的花朵通常鲜艳多彩，花瓣柔嫩，花香浓郁。常见的春季花卉有郁金香、水仙、玫瑰等。

2.夏季花卉

夏季花卉是炎热季节中的主角，它们能够耐高温。夏季花卉的花朵多数较大，五颜六色，花瓣丰满。它们的花期较长。常见的夏季花卉有荷花、玉簪花、牵牛花等。

3.秋季花卉

秋季花卉多数是多年生植物，它们在秋天开花，给人带来丰收和成熟的感觉。秋季花卉的花朵颜色多为黄、橙、红等，花朵较小但密集。它们的花期较长，能够延续秋天的美丽。常见的秋季花卉有菊花、秋海棠、桂花等。

4.冬季花卉

冬季花卉是在严寒季节中依旧能开放的花，它们大多是耐寒的植物，能够在低温环境下存活和开花。冬季花卉的花朵多为白色或粉色，花朵较小但有一番清雅的味道。常见的冬季花卉有梅花、山茶花、兰花等。

（二）教师以"郁金香"为例，向学生展示如何使用扭扭棒制作春季花卉

（1）通过测量和剪切制作出花瓣和叶子。

（2）捏紧扭扭棒，调整形状，使花瓣呈现出圆润的勺子形状。

（3）粘花瓣时，需比对位置，保证高矮和花尖在同一位置上，上胶时要在花瓣内侧多涂一点，轻轻按压使花瓣牢固。

（4）粘叶子时，直接缠花叶胶带粘即可。

（三）教师以"荷花"为例，向学生展示如何使用扭扭棒制作夏季花卉

（1）使用扭扭棒制作花瓣，调整形状并捏出弧度，然后收口。

（2）使用黄色扭扭棒制作花蕊时，捏紧接头处，保证平面平整。

（3）将花瓣和花蕊粘在一起，调整形状即可完成。

（四）教师以"菊花"为例，向学生展示如何使用扭扭棒制作秋季花卉

（1）制作绿色的小圆盘和花杆。
（2）制作白色的花瓣并粘在花蕊上，调整其位置和角度。
（3）将多余的部分剪掉，在断口处打胶并粘在花蕊上，调整长度使其一致，最后在尖端上色。
（4）粘花瓣时，需要从盘子背部打胶，将花瓣放上去，并从正面观察形状。

（五）教师以"梅花"为例，向学生展示如何使用扭扭棒制作冬季花卉

（1）将扭扭棒转个圈儿，再拧两圈儿，使多余部分附在背后，做出大小不同的花瓣。
（2）组装花朵，先粘几个花蕊，再把花瓣根部打胶粘在花蕊上，调整形状。
（3）用打火机烤一下根部，用手捏紧，用胶带缠一下即可。

（六）学生团队合作，利用扭扭棒和其他材料，创作代表不同季节的扭扭花作品

（1）将参与活动的学生分成几个小组，每个小组至少有五人。

（2）每个小组至少选择一个季节作为他们的主题。

（3）小组成员使用扭扭棒和其他材料创作所选择季节花卉的扭扭花作品，既可以参考实际的花卉图片制作，也可以自由发挥创意。

（4）具体制作流程图说明。

①～⑤：用扭扭棒做出花瓣和花心，并进行适当修剪，做出一朵完整的花。

⑥～⑨：调整花的造型，多做几个这样的花。

⑩～⑫：用扭扭棒分别做出小叶子和大叶子。

⑬～⑱：用胶带将做好的花朵和叶子组装起来。

（七）小组互相交流，展示作品，欣赏不同的创意，并评出相应等级

评价标准	具体要求	评价等级
创意与主题表达	作品能够清晰地传达所选择季节花卉的特点和形象	
扭扭花技巧和材料运用	作品中的扭扭花制作精美、工艺精细，材料的运用合理、美观	
团队合作	小组有良好的合作氛围，组员能够充分发挥各自的优势并协作完成作品	
创意的独特性	作品有独特的创意和设计，能够吸引观众的注意力	
展示和讲解	小组成员能够清晰地展示和讲解制作的作品，能够与其他小组进行有效交流	
备注	1. 小组成员互相欣赏彼此的作品并对其进行评价打分； 2. "★★★★"及以上为"A"；"★★★"为"B"；"★★"为"C"；"★"及以下为"D"	

（八）注意事项

（1）使用剪刀时要注意不要伤到他人和自己。

（2）热熔胶枪温度过高，具有一定的危险性，应在教师指导下使用。

（3）使用钳子时注意不要将手放在钳口之间，以免被夹伤。

（4）使用花杆铁丝时注意不要反复扭转，避免铁丝断裂。

（5）使用打火机等危险物品时，必须在教师指导下使用。

四、考核第三关：花卉花篮，巧搭配

（一）教师向学生介绍不同花卉之间的搭配建议和技巧

1. 色彩搭配

花篮选择相近或相反的颜色进行搭配，可以创造出视觉上的和谐或对比效果，使花朵搭配更有视觉效果。例如，深红色的玫瑰可以与浅粉色的康乃馨搭配，形成明暗对比的效果。

2. 花朵形状及大小搭配

选择不同形状的花朵进行搭配，例如，在花束中搭配一些直立型的花朵（如向日葵）和一些垂直型的花朵（如洋桔梗），可以取得动态的效果；选择不同大小的花朵进行搭配，例如，将大型的玫瑰花与小型的满天星搭配，花朵错落有致，可以取得层次分明的效果。

3. 叶子和绿植搭配

在花束中添加一些叶子和绿植，可以增加花束的自然感和立体感。叶子可以作为填充物来填补空白区域，并且可以起到衬托花朵的作用。

4. 花杆长度搭配

将花束中的花杆剪短或留长，可以改变花束的整体形状和比例。例如，剪短花杆可以让花束看起来更紧凑和精致，而保留长花杆则可以让花束看起来更高大和气派。

（二）学生使用扭扭棒和花篮等材料，将之前制作的花卉巧妙地搭配在一起

（1）准备扭扭棒花卉和花篮。

（2）将花篮放在合适的位置，确保不会移动或倾斜。

（3）开始插入扭扭棒大花。从花篮的中心开始，插入较大的花朵或装饰性植物，形成一个基础。确保花朵均匀分布，填满花篮的空间。

（4）逐渐添加其他扭扭棒小花。在基础大花的周围逐渐添加其他小花，以增加层次感和充实度。可以交替使用不同的花朵和叶子，创造出丰富的色彩。

（5）调整和修剪扭扭棒花卉。根据需要，调整和修剪花朵的长度和形状，以确保花篮的整体均衡和美观。

（6）完成花篮制作。

（三）学生将自己或小组的花卉花篮放在桌上展示，并互相欣赏和评价作品

评价标准	具体要求	评价等级
创意与设计	花篮的外观设计富有创意，符合主题要求	
工艺与制作	扭扭棒花卉的制作工艺精细，无明显的瑕疵，使用了恰当的材料	
色彩与搭配	扭扭棒花卉的色彩鲜艳、协调，与花篮和桌面的整体搭配和谐	
稳定性与耐久性	扭扭棒花卉的结构牢固，能够稳定地插在花篮中，并能够保持较长时间的稳定	
创意运用	在扭扭棒花卉的制作过程中添加了其他创意元素，如贴花、装饰物等	
效果与美观	扭扭棒花卉插入花篮后整体效果较为美观，能够吸引人的目光	
备注	1.学生互相欣赏彼此的作品并对其进行评价打分； 2."★★★★"及以上为"A"；"★★★"为"B"；"★★"为"C"；"★"及以下为"D"	

五、考核第四关：大型花卉，勇挑战

（一）教师向学生介绍大型花卉的特点

1. 外观独特且惊艳

大型花卉的形状和颜色都非常醒目，由扭扭棒编织而成，可以根据需要选择不同的颜色和款式。这使大型花卉在展示和装饰方面非常出众，能够吸引人的目光。

2. 轻便易携

尽管大型花卉的尺寸较大，但由于扭扭棒本身是轻质材料，因此整个巨型花的重量相对较轻。这使大型花卉非常易于搬运和悬挂，以及方便在不同的场合进行展示。

3. 耐用性及稳定性强

扭扭棒制作的大型花卉具有较强的耐用性，能够经受住不同环境条件的考验。无论是室内展示还是室外展示，大型花卉都能保持良好的形态和鲜艳的色彩，长时间使用而不容易损坏。

4. 可塑性强

扭扭棒制作的大型花卉具有很高的可塑性，可以根据需要调整和改变形状。学生可以通过捏、折、拉等方式，将扭扭棒弯曲成自己需要的形状，创造出属于自己的独特大型花卉。

5. 创意与想象

扭扭棒制作大型花卉可以激发学生的创造力和想象力。学生可以根据自己的喜好和创意，设计出独特的大型花卉作品，展示自己的个性和才华。

（二）教师以"向日葵"为例，向学生展示如何使用扭扭棒制作大型花卉

（1）将扭扭棒对折穿过扭成的小孔中心，旋转拧紧并整理，然后制作花瓣、花心和叶子。

（2）将扭扭棒交叉拧紧，扭动叶脉，用扭扭棒缠绕杆子，整理叶脉形状，加粗杆子并缠绕绿色扭扭棒。

（3）将花杆打胶粘在一起，固定在花瓣底部中心，依次粘上大花瓣和小花瓣，用绿色扭扭棒包起花的根部，并缠绕完整的花卉。

（三）教师以"玫瑰"为例，向学生展示如何使用扭扭棒制作大型花卉

（1）制作花瓣的框架。

（2）用扭扭棒缠绕出花朵形状，并整理好顶部和尾部。

（3）制作三组小花瓣和两组大花瓣，整理好形状后，将花朵下半部分捏圆并外翻。

（4）利用热熔胶将花瓣粘好，并用绿色扭扭棒缠绕花杆和叶子。

（四）学生团队合作，根据小组的创意，使用扭扭棒和其他装饰材料制作大型花卉

（1）将参与活动的学生分成几个小组，每个小组至少五人。

（2）每个小组至少选择一种大型花卉，如大型向日葵、大型玫瑰、大型虞美人等。

（3）小组成员使用扭扭棒和其他材料创作大型花卉作品。可以参考实际的花卉图片或自由发挥创意。

（五）学生在室内或室外场地进行大型花卉的展示和比赛，评选最佳大型花卉作品

评价标准	具体要求	评价等级
制作技巧	评判制作扭扭棒花的技巧水平，包括扭扭棒的均匀度、弯曲角度的准确性和细节处理等	
花朵造型	评判花朵的形状和大小，要求大型花朵具有更加夸张、饱满的形态	
色彩搭配	评判花朵的颜色选择和搭配，要求大型花朵的颜色更加丰富、饱和，能够给人视觉冲击感，搭配要协调	
创意设计	评判花朵的创意和设计度，包括花瓣的形状、纹理、叶子的数量和排列方式等，要求大型花朵能够展现创造性和个性	
实用性与稳定性	评判花朵的实用性和稳定性，即花朵要能够稳定地放置在教室或户外场地，并能够经受一定的风吹、触摸等外力	
艺术效果	评判花朵的整体艺术效果，包括与展示场地的协调性、整体观感的舒适度和美感等	
备注	1.学生欣赏彼此的作品并对其进行评价打分； 2."★★★★"及以上为"A"；"★★★"为"B"；"★★"为"C"；"★"及以下为"D"	

六、课后推进，扭扭花匠的晋升之路

（一）鼓励学生继续探索扭扭花的制作以及在课余时间继续创作和改进

（1）肯定学生的努力和成就：在课堂上和课后，及时给予学生肯定，

鼓励他们继续努力和创作。表扬学生的创意和创新思维，让他们感受到自己的价值和进步。

（2）提供资源和支持：为学生提供所需的材料和工具，以及相关的参考资料和学习资源，帮助他们更好地理解和改进扭扭花的制作方法。鼓励学生在课余时间利用这些资源进行创作和实践。

（3）创造展示机会：组织学生举办展示活动，让他们有机会展示自己的扭扭花作品。这样不仅可以激发他们的创作热情，还能让他们从他人的作品中汲取灵感以及获取改进的思路。

（4）给予自由空间：鼓励学生在创作中表达自己的想法和个性，给予他们一定的自由空间，让他们能够自主尝试新的创意和方法，培养他们的创造力。

（5）提供反馈和指导：教师可以定期与学生进行交流和反馈，解答他们在制作中遇到的问题和困惑。同时，可以为学生提供一些改进和创新的建议，帮助他们不断提升自己的扭扭花制作技巧。

（二）设立扭扭花匠的晋升之路，根据学生的创作和表现，给予不同级别的扭扭花匠称号，并展示他们的作品

通关	称号
通过 1 关	初级扭扭花匠
通过 2 关	中级扭扭花匠
通过 3 关	高级扭扭花匠
通过 4 关	特级扭扭花匠

（1）对获得特级扭扭花匠称号的学生发放荣誉证书。

（2）教师进行活动总结。教师：同学们好！大家参与这次"巧手扭花朵朵俏"课程有没有什么收获呢？在这个活动中，我看到了大家的创造力和团队合作精神。每个人都展示出了自己独特的想法和才能。在这个活动中，我看到了许多精美的花卉作品。每一朵花都有自己的特点，有的花朵色彩鲜艳，有的花朵造型别致，有的花篮搭配新颖靓丽，真是让人赞叹不已。你们用自己的创意和巧手，将一根根普通的扭扭棒变成了如此美丽的花朵，真是太棒了！

【板书设计】

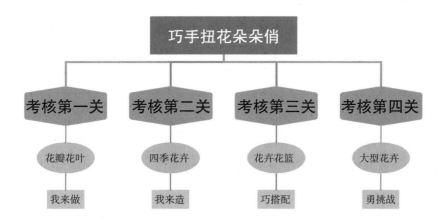

实践案例八　家长课堂巧针织

【活动背景】

以习近平新时代中国特色社会主义思想为指导，注重挖掘劳动在树德、增智、强体、育美等方面的价值，将培养劳动观念、弘扬普及劳动精神贯穿课程实施全过程，引导学生树立正确的劳动价值观，崇尚劳动、尊重劳动，深化对劳动人民的感情，发展创新意识，提升实践能力和社会责任感，成为懂劳动、会劳动、爱劳动的时代新人。

人类从狩猎采集阶段逐渐进入农业社会，劳动成为人类生存和发展的基础。随着社会的发展，劳动方式不断改进，劳动教育也在不断演变和完善。从传统的知识传授教育，到现代的能力培养教育，劳动教育作为一种培养学生动手能力、实践能力和创新能力的教育方式，越来越受到重视。劳动教育不仅能够培养学生的实践能力，还能够培养学生的动手动脑能力和团队协作能力，使学生在劳动中得到身心的全面发展。

【活动目标】

认知目标：通过网络查阅有关针织的信息，了解针织的历史、作用与意义。通过视频对针织产生兴趣。通过教师演示理解针织的基本原理和技巧，识别和理解各种针织图案和编织方法，掌握不同针织材料的特性和用途。

行为目标：小组合作，聚焦讨论"如何进行精美针织"。小组合作完成设计作品、制作作品等任务，学会使用针织工具并能正确地进行基本的针织操作，选择合适的材料和工具织出属于自己的作品。

情感目标：在查阅与针织相关资料的过程中，对针织产生认同与喜爱以及对人类智慧的思考。在动手针织的过程中，产生热爱劳动的思想。能独立、耐心地编织小围巾，体验胜任感与成功感。

【活动准备】

工具准备：织针、线、尺子、剪刀等。

材料准备：适合的线和织物。

确定尺寸：确定好需要针织的物品的尺寸，以便控制织物的形状和大小。

【适用年级】

小学三至六年级。

【活动内容】

（1）观看视频，了解中西方针织业的发展史以及我国古代织布机的织布过程。

（2）观看视频，了解针织在日常生活中的重要性。

（3）针织产品展示：

【活动过程】

一、了解针织手法

（1）编织基础。

（2）普通起针。

（3）挑针起针。

（4）针织手法。

（5）织物结构和尺寸控制。

（6）织物边缘处理。

（7）图案设计。

二、学习针织方法

（一）打结与织边

（1）打结：在开始针织之前，将线打结固定在织针上。

（2）织边：第一行针织边缘通常被称为"起边"，注意确保边缘整齐，以免影响美观。

（二）针织细直纹

（1）穿针：将织针穿过起边，并将线拉紧。

（2）织正针：将织针向下拉，然后从右向左穿过起边，最后将织针向上提，形成正针。

（3）织反针：将织针向上拉，然后从左向右穿过起边，最后将针向下压，形成反针。

（4）重复以上步骤，交替进行正针和反针的织法，形成细直纹。

（三）针织平纹

（1）穿针：与细直纹相同，将织针穿过起边，并将线拉紧。

（2）织平针：将织针向下拉，然后从右向左穿过起边，最后将织针向上提，形成平针。

（3）重复以上步骤，形成平纹。

三、设计作品——以织一条学生围巾为例

（一）材料介绍

1.棒针与钩针

（1）形状不同。棒针的形状似筷子，是细长条状；钩针的形状比棒针要短，一头有倒钩用来编织。

（2）编织手法不同。用棒针编织时，通常至少需要两根棒针，如织围巾需要两根棒针，织毛衣、帽子等则需要四根棒针或环形针；用钩针编织时，只需要一根钩针即可完成，如钩毯子、衣物等时只要一根钩针。

（3）编织种类不同。棒针多用来编织围巾、毛衣、帽子等；钩针除了可以用来编织围巾、毛衣、帽子，还可以编织毯子、玩偶等。

（4）纠错方法不同。棒针编织出现错误时，可以直接在原有基础上进行部分拆解重织；钩针编织出现错误时，必须从已经完成的部分拆除到错误的部分。

2.常见毛线种类

（1）棉线：用棉纤维搓纺而成的线，适合四季编织。伸缩性不大但有很好的透气性和吸水性。适合钩织婴儿用品以及服饰。

（2）蕾丝线：常用于夏季钩织，线比较细腻柔软，通常按粗到细分别有3号、5号、8号蕾丝线。

（3）羊毛线：保温性和伸缩性出色，是秋冬衣物中常用的线材。

（二）款式介绍

1. 长条形

围巾成长条形，是很常见的一种款式。其特点是可以营造出多种风格，如活泼可爱、简约大方等。长条形围巾包含多种系法，有套舌结、平衡结、领带结、法国结等。在学生围巾中，长条形围巾还常常配有多种元素，如小圆球、流苏、小动物等，这些元素常出现在围巾的两端处或是打结处。这些可爱的元素体现了小学生天真烂漫的特点。

2. 几何式

几何式分为正方形和三角形。由于形状的多样，几何式围巾更能营造出长条形围巾欠缺的风格。正方形和三角形围巾都能折成长条形来展现清爽的韵味。除此之外，还可以利用三角形围巾，展现干练利落的形象。小女孩利用几何式围巾可以变成气质淑女。当然，几何式的围巾也有一些特殊的元素，多是流苏以及三角的变形。

3. 围脖式

围脖，顾名思义，就是围住脖子以阻止寒风从脖子钻进去的保暖物。它较普通围巾要短，分为封闭式和非封闭式两种。封闭式的围脖要比非封闭式的围脖长，有些可以在脖子上缠绕几圈。而非封闭式的围脖都会有暗扣，直接在脖子处扣上，可以形成一个漂亮的高领子，温柔又时尚。

4.披肩式

披肩围巾是比较大的围巾。有正方形、三角形等多种形状。它具有多种作用，一是当普通围巾来使用，其保暖性毋庸置疑；二是具有一定的美观性，披肩围巾是介于围巾与服装之间的物品，在一件简单的 T 恤衫外搭配一件披肩，其点缀作用更为突出，能更好地体现出女性的柔美。

5.多功能式

随着人们生活水平的不断提高，围巾也在不断创新，以满足顾客更多的需求。例如：带帽围巾、带衣袖围脖、两用脖套等。其中，两用脖套实现了围脖和帽子的双重使用。它在围脖的一端有收口设计，当要将它作为帽子使用时，可以将这一端收紧，它立马就变成了一个帽子。带帽围巾、带衣袖围脖则增大了保暖面积，使顾客可以减少保暖装备来达到更好的保暖效果，为顾客提供了更大的方便。

（三）围巾设计

1.花型设计

围巾的花型主要是指图案、颜色和装饰。不同的花型给人不同的视觉感受，如何更好地结合图案与色彩，是创意设计必须考虑的一点。而针织围巾最大的特点就是可以利用一些可爱的元素进行装饰，尤其是用编织小饰品进行装饰。

2.图案设计

小学生逐渐脱离了幼稚感，有一定的想象力和判断力，但尚未形成独立的观点。他们渴望模仿成人的装束和举止，动力极强，娇柔可爱，并喜欢独立的思维，个性强。因此，围巾的图案设计要求活泼、大方、时尚、独特、有个性。一般分为两大类：一种是以抽象图案为主，即点、线、面的结合，常见的有条纹、波点和格子形式，这种图案的围巾简约大方；另一种是以卡通图案为主，有小动物的立体结合，也有卡通人物的循环组合，这种图案的围巾展现了小学生天真烂漫的特点。

3.色彩设计

小学生已经能够识别大量的颜色，因此，可以采用不同的颜色配比，以促进孩子色彩感的发展，但要注意的是，一条围巾的颜色不要超过3种。主色调一般多采用大自然的颜色，如天空的蓝色、草地的绿色、花朵的粉红色等，这些浅色调给人以温和、恬静、柔软的感觉，更能体现孩童纯真的气质。围巾的配色可以采用类似色配色法，给人统一、协调、柔和、雅致、清甜的感觉，也可以采用对比色配色法，给人活泼、明朗、鲜明的感觉，显示出小学生的年轻与活力。

4.装饰设计

儿童围巾与成人围巾的最大区别就是可爱元素的添加。因此，如何使学生围巾变得具有趣味性是必须考虑的因素。例如，在围巾两端处毛球的装饰，围巾搭接处立体动物的装饰以及花朵、蝴蝶结等可爱元素的点缀等。

5.学生针织围巾的原料设计

由于儿童皮肤娇嫩的特点，所以应选用高品质的原料，如羊毛、羊绒等，也可以尝试时尚新颖的反光安全面料来增加服装设计的趣味性。

四、动手针织

（一）材料准备

毛线、两根粗毛线针、一把剪刀、一个毛线盒。

（二）针织实践

织毛线的基本步骤包括起针、缩结以及戳、绕、勾、放等。

下针编织时，一根棒针位于左手，另一根棒针位于右手，首先将右棒针从上右边第一个线圈的左侧插入该线圈中，并使右棒针位于左棒针下面，其次用右手握住右棒针，将线贴在右棒针上顺时针方向绕一圈，从线圈中勾出。最后，将左棒针上被串套的线圈从左棒针上脱下，然后依次从右向左编织，至此在右棒针上就增加了一个横列的新线圈。

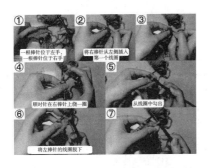

上针编织即反针编织，与下针编织针法一样，也是一种既简单又重要的针织方法。上针编织与下针编织针法正好相反，首先将线放于右手棒针上，由右向左插入左棒针上的一个线圈内，并使右棒针位于左棒针上方。其次将线在右棒针上绕一圈，并将绕在右棒针上的线从线圈中挑出。最后，将左棒针上被串套的线圈从左棒针上脱下。

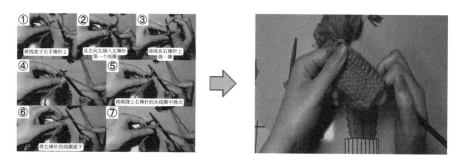

使用钩针与原线起针：

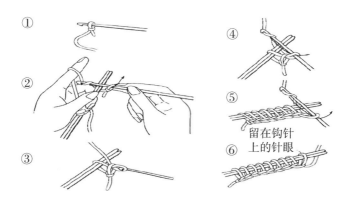

使用棒针与别线起针，之后织底边平针：

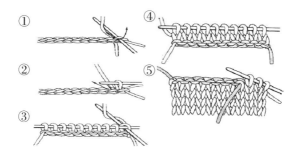

五、作品展示

（1）学生在教师和家长的指导下，完成自己的第一幅作品，可以是简单的平针，也可以是有一点技巧的上下针，或者是更加精美的款式。

（2）学生将针织围巾赠送给家人或朋友，或者在集市上义卖，感受劳动带来的快乐。

六、板书设计

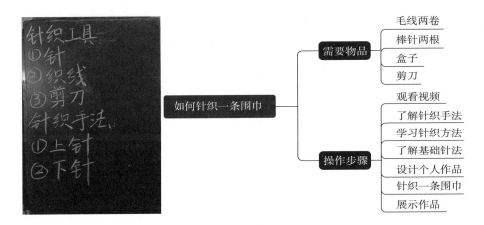

实践案例九　人人有岗有担当

【活动背景】

中共中央、国务院发布的《关于全面加强新时代大中小学劳动教育的意见》指出，要"把劳动教育纳入人才培养全过程"，要"广泛开展劳动教育实践活动"。班级是学生活动的重要舞台，而班级岗位建设是班级建设的关键环节。通过岗位设置，每个学生都能在班级中找到自己的定位，扮演不同的角色，承担不同的任务。

岗位建设不仅让学生有机会参与班级的日常管理，还能培养学生的劳动意识。学生在岗位上学会了付出与努力，理解了劳动的价值和意义。通过日常劳动，学生能逐渐养成良好的劳动习惯，掌握一定的劳动技能，为今后的生活和工作奠定坚实的基础。

【活动目标】

认知目标：确保每位学生都深入理解班级岗位的重要性，无论是亲身参与还是进行投票，学生都应认识到这是班级全体成员的共同责任。加强认识，让学生意识到班级岗位不仅关乎个别学生或班主任，更是班级团结和发展的关键一环。

行为目标：班级岗位涵盖纪律维护、卫生保洁、日常交往、物品管理、活动组织等多方面服务。班级作为学生成长的摇篮，其建设为学生德智体美劳全面发展提供了广阔平台。通过积极参与岗位工作，学生能在实践中不断提升自我，实现全面成长。

情感目标：学生在班级生活中应学会担当，树立服务集体的意识。

日常交往中，同学之间的互动不仅是宝贵的育人资源，更是与真实生活紧密相连的纽带。通过共同参与、相互支持，学生能深刻体会责任与奉献的意义，促进个人成长与集体凝聚力的提升。

【活动准备】

教师准备：设置岗位，了解学生基本情况。

学生准备：完成自我诊断，填写竞选表格。

【适用年级】

小学四年级。

【活动过程】

一、岗位设置我做主

（一）出示岗位框架图

班级岗位的设置不仅关系到班级事务的有序展开，而且是学生成长的良好平台和载体。学校德育部门可以提供班级岗位表，以供班主任参考并据此设置基础岗位，确保班级事务能够规范有序地进行。同时，班主任还需结合自己班级的实际情况，依托班级组织结构图来丰富和完善岗位设置，以促进学生的自主发展。

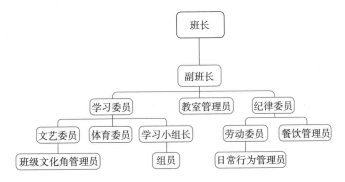

在设置班级岗位时，应依据具体事务来确定，这里的"事"指的是责任。班级管理工作的核心在于"服务"，为了避免权力异化等问题，必须坚守岗位设置的初衷，即明确每个岗位的服务性质。班级生活实际上是学生未来生活的"预演"，班主任可以根据公共事务的种类设置相应的岗位，从而培养学生对公共事务的参与意识。在此过程中，班主任需要深入思考每个岗位的职责，并引导学生明确自己要承担的责任以及树立服务意识。同时，班主任还应帮助学生掌握有效的工作方法，确保他们能够在实践中不断提升自己。

（二）出示班级问题反馈表

开学第一天，班主任可提醒班级成员对班级现象进行观察，并做好表格记录，为班级岗位设置提供依据。

序号	问题描述	程度等级	设置岗位
1	例：下课在厕所玩闹		"文明监督员"
2	例：课堂捣乱起哄		"纪律委员"
3	例：班级卫生状况不佳		"劳动委员"

注：此表中只列了部分班级问题。

按照预订的时间节点，教师收集学生的反馈表，并重点关注反馈频率较高的岗位，筛选出关键的岗位，再通过班会课引导学生积极参与讨论，最终确定岗位类型。需要强调的是，岗位的数量并非越多越好，而是应当将一些问题转化为规范，补充到现有的岗位职责或行为规范之中。

问题描述	次数	岗位名称	志愿者人数
踏步手臂不抬高	34	路队标兵	1
盛饭随意扔饭勺	30	午餐管理员	2
座位占位太大	29	座椅调解员	1
无课前准备	25	课前准备员	1

以人设岗是班级管理的重要策略。班干部的设置是班主任进行班级管理和学生培养的重要手段。管理既是科学，也是艺术，其艺术性体现在因人而异的策略上。这里的"人"，一方面指的是学生的性格特点和兴趣特长。例如，性格沉稳的学生可能更适合担任生活委员等日常管理职务，而性格活泼的学生则可能更适合担任文体委员等需要组织活动和发挥创意的职务。另一方面，"人"指的是通过岗位设置来激励和关怀学生，实现管理的人性化和人文关怀。例如，将学习委员的岗位留给更需要学习机会的学生，因为与广泛的社会参与相比，班级管理具有试验性和包容试错的空间，能够激发学生的潜力。同样，让因家庭困难而无法购买大量课外读物的学生担任班级图书管理员，既能为他提供与课外读物接触的机会，又能避免因过于明显的帮扶而伤害他的自尊心。因此，班主任首先需要深入了解学生的基本情况，做到心中有数，这样才能合理安排班级岗位。

（三）填写岗位意向表

（1）教师出示班级岗位安排表。

序号	岗位类别	岗位名称（人数）	岗位职责
1	教室管理员	①讲桌管理员（2人） ②黑板管理员（2人） ③窗户、窗帘管理员（1人） ④窗台管理员（1人） ⑤书包柜管理员（2人） ⑥教室门窗管理员（1人） ⑦工具柜管理员（2人） ⑧洁具管理员（2人） ⑨多媒体管理员（1人） ⑩照明管理员（1人） ⑪地面管理员（6～8人）	保证教室的整洁与卫生，监督同学以防其用多媒体教学仪器进行娱乐，每天放学检查灯光、窗户

（续表）

序号	岗位类别	岗位名称（人数）	岗位职责
2	日常行为管理员	①桌椅摆放管理员（6～8人） ②桌面管理员（4～6人） ③抽屉管理员（2人） ④出操管理员（2人） ⑤个人卫生管理员（2人） ⑥红领巾管理员（1～2人） ⑦书包管理员（1人）	监督学生的日常行为，遵守班规和学生守则，注意个人内务，维持班级秩序
3	餐饮管理员	①午餐管理员（6～8人） ②学生奶管理员（1～2人）	维持学生就餐秩序，发放午餐和学生奶
4	班级文化角管理员	①黑板报管理员（1～2人） ②图书管理员（2～3人）	维护黑板报和图书角，清点图书数目，记录借阅情况

（2）学生根据自己情况填写岗位意向表。

姓名	意向岗位	原岗位	优势

（3）教师根据每位学生的特点安排适合的岗位。例如：学生小黄常常忘记在离开座位时将椅子推进桌下，针对这一特点，笔者安排他担任桌椅摆放管理员，让他在检查他人桌椅摆放情况的同时，提醒自己也养成好习惯。学生小陈擅长朗诵，因此笔者为她安排的岗位是"小小领读员"。预备铃响起后的两分钟内，小陈都会带领全班学生有感情地诵读，她不仅轻松完成了自己的岗位工作，还为班级和同学提供了优质的服务。

二、岗位职责我讨论

（一）"内阁"组建初形成

俗话说，火车跑得快，全靠车头带。优秀学生的示范作用不可小觑。因此，组建一个强有力的班委会尤为重要。笔者在班级制定了"'内阁'组建制"的大管家选拔制度。第一步，选出班长。班级管理中学生一定要有内驱力，因此前期可以先请有意愿当班长的学生自我推荐；中期在推荐名单中进行筛选，留3～5名候选人，每人试当三天，进行观察；后期请这些候选人进行竞选演讲，全班学生民主投票选举班长。第二步，组建"内阁"。班长选出后，在两日内自行招募五位"内阁"成员，分管学习、体育、卫生等工作，组成本届班委会。每届班委会任期一学年，最多连任一次，期满后进行述职报告，在全班进行民意测评。

（二）"内阁"会议定职责

召开"内阁"会议，初步确定岗位职责。

岗位名片	岗位职责
班长	班级代表，对外代表班级，维护班级声誉；对内起管理表率作用；关心同学学习生活；负责量化管理及统分工作，定期公布量化管理分，组织好班会总结工作
学习委员	负责班级学习工作，督促各科助理完成任务
劳动委员	负责劳动和卫生工作，做好日常的卫生扫除及大型劳动的分工和检查工作
体育委员	协助体育教师上好体育课，负责大课间及大型体育活动的组织管理
文艺委员	负责班级文艺、科技活动，组织同学参加学校文艺演出
组长	协助班长、各委员、各科助理做好本组的各项工作

班级公共岗位的制定从形式到内容都决定了它的主要功能是服务。为班级公众服务，为班级建设服务，这样的公共服务意识可以让学生远离私利的诱惑，从公出发，学做公民。班级公共岗位评价是从责任的明

确开始的，旨在增进学生对责任的理解。好的评价不是源于关系的好坏，而是责任人对岗位职责的履行态度和履行效果。对责任的担当是公民意识的开始。从我校低段、中段和高段的班级公共岗位的创设实践中可以看到，岗位创设、民主选举和民主评价已经初见雏形，学生已基本实现了对班级作为公共生活空间的新的认识和体验，对自己在班级中的位置有了新的认识，对自己作为班级一员所应享有的权利和义务也有了亲身的体验，并且激发了他们作为班级成员更多的民主意识和民主诉求。

三、岗位竞争我参与

（一）发布竞聘流程

发布竞聘公告，让学生了解竞聘流程，提前做好准备。基本程序：演讲→投票→唱票→宣布结果→感言→点评。全班学生进行不记名投票，班委收集选票，由公证员当面进行统计，采取"正"字法把得票公示在黑板上。在此过程中，须秉持公平、公正、公开、服务大家、锻炼自我的原则。

时间	流程	内容
10 月 10 日—11 日	提出书面申请	写明自己选择的职务、参加竞选的原因以及初步工作打算（时间限制为 2 ～ 3 分钟）
10 月 13 日	举行竞选班会	竞聘者清楚大方地发表竞选演说，可采取小才艺表演形式为自己拉票，也可以有竞选口号、宣言等
10 月 13 日	举行竞选班会	公开竞选结果

（二）竞选上岗领聘书

由自荐人上台进行竞选演讲。然后全班学生投票，根据得票高低选取最终的岗位管理员；如果自荐人数正好等于所需人数，则进行全班投票，如果有一半以上的学生支持则顺利当选，支持人数少于一半则需进行临时自荐，直到选出大家信任的人选；如果岗位申请人数不足，则采取临时自荐方式产生候选人并进行班级选举。在学生竞选时，笔者鼓励每个人积极参与。例如，小飞和琨琨是班上特别调皮的学生，但他们都选择竞选"餐桌管理员"，自荐理由是"餐桌很重，我的力气大"，笔者及时表扬了他们的

优点，最终他们得到全班大多数学生的支持，顺利当选。

竞选完后，笔者为所有当选的班干部颁发聘书。

通过民主选举的方式，教师为学生提供了锻炼自己的舞台，这不仅能够为致力把班级推向优秀班集体的学生提供展示自己风采的机会，让其在班级管理工作中体验成功，增强自信心，还能将每个学生的积极性充分调动起来，将全体同学紧密团结起来，培养学生的集体荣誉感和责任心。

（三）岗位实践初体验

学生从竞聘上岗到能够独立完成岗位工作需要经历一个过程，这个过程离不开教师的指导，因此首先要做好岗前培训，由教师或者班委负责人亲身示范，协同负责人一同完成岗前培训单中的任务，在实践中明确岗位职责，清晰岗位细节，为后面有序地开展工作打下基础。

岗位名称	岗位实践人	实践感悟
班长	401中队 阳思淼	①自己要做表率 ②同学违反纪律时要及时提醒
学习委员	401中队 何诗琪	①收作业时要清楚一共有几组，每组多少人 ②及时帮助同学解题 ③及时提醒和记录作业

例如：选好"桌长"后，教师协同"桌长"一起管理，并在这个过程中对"桌长"进行实践指导。例如，当有学生在用餐中吵闹时，可以用手势、眼神等提醒对方；当路队中有学生违反纪律时，可以上前悄悄

提醒；盛汤时，成员之间要互相合作；餐后卫生打扫要明确分工，责任到人；对于吃得慢的学生，其他学生要一起用行动影响他、帮助他；等等。在这样的实践指导过程中，"桌长"的管理能力逐渐提高，各桌成员之间的合作也更默契，学生也变得更为自律。综合而有针对性的劳动教育往往是在师生互动中悄然发生的。

（四）岗位轮岗齐参与

学生处在成长期，他们需要学习和体会多种社会角色。班级岗位定期轮换可以丰富每个学生的角色意识，使学生在不同角色的动态变化中得到发展。一般情况下，学生的工作岗位任期为两个月左右，任职期满，班主任可以利用班队活动课或班会课组织各岗位的述职工作，岗位实践人要向全班学生汇报工作的开展情况，并让同学对他们的工作进行客观、公正、全面的评价。对于岗位体验合格者，可以为其颁发"岗位体验证"，也可以让其顺利轮换到其他岗位中去。对于岗位体验不合格者，则应让其继续在原岗位中进行锻炼，并聘请"小老师"对其进行再次指导。当学生获得 5 张"岗位体验证"时，就将其评为"一级助理"；当学生获得 10 张"岗位体验证"时，就将其评为"银牌助理"；当学生获得 15 张"岗位体验证"时，就将其评为"金牌助理"。"岗位体验证"的等级制激发了学生对岗位工作的热情。他们深有感悟，认为既然选择了一个岗位，就一定要把它做好。这不但锻炼了学生的能力，更让他们体会到了自己所承担的责任。

四、岗位管理我积分

（一）评分细则齐讨论

在班级管理过程中，教师应尊重学生，了解个体发展的差异性和不均衡性，科学、合理地运用评价机制，对每一个个体进行最大限度的激励。教师还应结合班级存在问题及学校德育处要求，建立积分表进行班

级岗位评比，并利用晨会与学生探讨积分表应该包括哪些项目。经过学生提议，单列出班干部加分项，并确定从早读、课间、午休、眼操、路队、卫生等六个岗位对岗位管理员进行评价。班级岗位评价机制再次强调了小学生日常行为方面应该遵守的基本要求。

减分细则	早读	①迟到1人次扣2分 ②随意离开座位，1人次扣3分 ③干扰他人早读1人次扣3分 ④未带课本1人次扣3分
	眼保健操	①未做扣3分 ②不认真做1人次扣2分
	课间操	①无正当理由未参加做操1人次扣2分 ②做操过程中有说笑、打闹等现象1人次扣5分 ③升旗及其他要求穿校服的场合未完成者扣5分 ④课间操和放学路队未能及时有序下去的扣3分
	上课	①迟到扣2分（上课铃响未进教室视为迟到） ②未做好课前准备扣2分 ③课堂上不遵守课堂纪律，随意说话、玩玩具等一次扣2分
	课间活动	①不文明、乱吐痰、说脏话或大声喧哗1人次扣1至3分 ②在教室、走廊或楼道间狂奔乱跑或做不安全游戏1人次扣3分 ③损坏公物1人次扣3分，并做出相应赔偿 ④出现打架等不安全现象1人次扣5分，造成严重后果的扣10分
	卫生	①自己所处位置有纸屑者扣2分 ②不认真打扫卫生者扣5分 ③未关门窗、电器者扣3分 ④忘记值日和不值日1人次扣5分，并加罚一日
	作业	①作业少完成一次扣5分 ②未能及时上交作业者扣2至5分 ③作业马虎，书写不工整一次扣5分
	出勤	①无故迟到扣2分 ②未经请假不来上学一次扣5分

（续表）

减分细则	个人素质、修养	①对教师没有礼貌扣2分 ②接教师话茬儿、起哄扣3分 ③辱骂、嘲笑、讽刺、挖苦、欺负同学，无理取闹、顶撞他人扣3分 ④班干部带头违反班级纪律扣6分 ⑤公共场所乱喊乱叫、起哄每次扣5分 ⑥私拿他人物品每次扣3分，造成毁坏者扣5分，并赔偿 ⑦在同学之间搬弄是非，造成同学之间不团结者扣3分 ⑧说脏话、粗话，或叫侮辱性绰号的，引起同学反感的一次扣5分 ⑨做危险动作，影响自身及同学安全的扣5分 ⑩打架、骂人、以大欺小、以强凌弱、肆意闹事、偷窃扣5分
	小组考核	①小组分为13组，各组总积分最高为"文明优秀小组"，每人加5分 ②期中、期末考试各组成绩总分之和、及格率、优秀率第一为"学习优秀小组"，每人加10分
加分细则		①积极参加学校组织的活动，如运动会、体育节、艺术节等，参加者每人加2分，获一、二、三等奖的分别加10、5、3分；体育委员或文艺委员再加2分 ②参加班级组织的活动，获一、二、三名的分别加10、5、3分 ③单元测试：成绩满分者每人加7分，90分以上者每人加4分，85～90分每人加3分，80～85分每人加2分；成绩进步5分者每人加1分，进步6～10分者每人加2分，进步11～15分者每人加3分，进步15分以上者加5分 ④认真做好本职工作，一周内没有任何违纪行为者加10分，连续两周未被扣分者加20分，连续一个月未被扣分者加50分，连续一学期未被扣分者加100分 ⑤拾金不昧者加1分，拾到价值大的物品酌情可加5至10分 ⑥每日按时完成作业者加2分，未完成每项扣1分。完成情况优秀者加1分。作业一次不交或迟交者扣1分，发现抄作业和被抄作业者每人扣2分 ⑦在班级报投稿加1分，录用采纳的加2分；装扮美化教室做出贡献的加2分 ⑧受到学校通报表扬者，加3分，被教师表扬者，每次加2分 ⑨主动阻止同学不正当行为而有效者，每次加2分 ⑩课前准备一天总得分为3分，一次完成不好扣半分

（二）积分结果公布

值日班长每周向班级公布一次岗位评比结果，从而提高岗位评价的可操作性和有效性。评优推先需要依靠积分，任何一项正确的决策，都必须依赖及时而又符合客观实际的相关信息。每到学期末，最令班主任棘手的事情是对学生的操行进行评定。在优秀称号评选时，无论是班级民主投票，还是教师推荐，大多是凭个人主观印象进行感性推荐。科学地对学生进行评价，可以扬长避短，培养学生的思想道德品质，激励学生不断奋发向上。依据积分评比表撰写学生评语，可以使评价更有针对性。

班级岗位不能长期固定，定期轮换既可以丰富学生的角色意识，让每个学生都能体验不同的岗位，也可以培养学生的同理心，使学生学会换位思考，同时获得多方面能力的提高。因此，应在班级建立定期轮岗制度，有机结合岗位评价，通过岗位积分的兑换，让每个学生都有择岗的机会。比如小组长工作做得好，就可以通过使用相应的积分为自己加分，争取到自己喜欢的岗位。经过月度或学期岗位考核，在小岗位上工作特别出色的学生可以获得一张"选岗卡"，可申请连任，也可以换岗。为了避免岗位轮换带来的班级混乱，可以通过"师徒结对"的方式，让学生互相培训。在尝试中，轮岗这一措施既提高了每个学生的班级管理能力、责任意识和服务意识，也使其学会了尊重与换位思考。

五、岗位明星我争先

（一）岗位自评他评

岗位评价需全面客观，以实践为基础，这不仅能够为轮岗做铺垫，也能够使学生获得丰富多彩的体验，突显岗位体系的育人价值。

为进一步提升岗位工作的规范性，班主任要引导班委会在班级定期召开岗位述职评议会。各部门、各小队先自行对照岗位职责，总结反思本部门岗位人员的优缺点，再交叉互评，客观地评议他人的工作。

评价内容应更关注岗位负责人的日常表现，评价项目包括到岗情况、工作效果、沟通协作能力、解决问题的能力、创新力、领导力等，并在表格下方总结岗位职责履行的优缺点。事后由班委会设置相应的奖项，奖励项目应尽量与小岗位有关，鼓励"多劳多得"，树立"劳模"组织和个人，保护和维持学生工作的积极性。

小岗位自评表

岗位名称：

岗位负责人：

评价要求：请按照实际情况，在对应的评价标准后涂星

评价项目	评价标准	评价等级
到岗情况	主动、及时到岗★★★★★ 在他人提醒下到岗★★★ 经常未及时到岗★	
工作效果	工作快速、高效★★★★★ 认真完成工作★★★★ 在他人帮助下完成工作★★ 未能认真完成工作★	

（续表）

评价项目	评价标准	评价等级
沟通协作能力	高效完成自己岗位工作后，能主动帮助其他同伴 ★★★★★ 在他人求助下帮助他人完成工作 ★★★★ 能完成岗位工作 ★★★ 未能认真完成工作 ★	
解决问题的能力	遇到突发情况，能自己想办法解决 ★★★★★ 在他人帮助下解决问题 ★★★★ 能向他人求助，解决问题 ★★★ 未能及时解决问题 ★	
创新力	在岗位工作中能想到提高效率的办法 ★★★★★ 在他人启发下，能想到更高效的工作方法 ★★★★ 能完成好岗位工作 ★★★ 未能认真完成工作 ★	
领导力	提出岗位建设的合理建议，并积极尝试 ★★★★★ 提出岗位建议 ★★★★ 能按要求完成岗位工作 ★★★ 未能认真完成工作 ★	

（二）家校合力共评价

通过与家长的交流发现，近三分之一的孩子在家庭和学校的表现有"两面性"。有的孩子在学校热爱劳动，但在家中几乎不干活儿；有的学生在学校对同学、教师彬彬有礼，但在家中待人接物却被评价为"不太懂事"。因此，笔者建议家长让孩子在家庭也负责一个小岗位，并结合使用"成长快乐"档案袋每月评价制度。家长通过"成长快乐"对孩子进行岗位监督管理，形成对孩子的约束机制，督促孩子自觉养成良好的习惯，从而避免出现家庭学校表现"两重天"的情况。

"成长快乐"档案袋
岗位名称	
岗位实践	
实践感悟	

在这种多元评价过程中，学生也体验到了作为班级主体的责任感，为日后行使公民民主权利奠定了基础。无论哪个岗位，班主任都要及时肯定学生在小岗位上的付出，及时表扬学生做得好的细节，让学生感觉到被关注，从而感受到自己的价值。

苏霍姆林斯基曾经说："只有能够激发学生去进行自我教育的教育，才是真正的教育。"在小学中段的班级管理中，当学生已初步具有合作能力、实践能力，且自主独立意识强烈时，作为班主任，需要通过引导构建科学、合理的班级岗位体系，适时从"台前"转到"幕后"，让学生成为"主人翁"，提升师生彼此的"幸福感"，构建班级岗位"新生态"，让班级迸发"新活力"。

实践案例十　清洁卫生样样行

新修订的义务教育课程以习近平新时代中国特色社会主义思想为指导，落实立德树人根本任务，强调育人为本，依据"有理想、有本领、有担当"时代新人培养要求，明确了义务教育阶段培养目标。劳动课程以实践为主线，围绕日常劳动、生产劳动和服务性劳动三大类展开，具体内容包括烹饪与营养、农业生产与劳动、公益劳动与志愿服务等 10 个任务群，每个任务群由若干项目组成，学校可结合实际，在不同学段自主选择确定任务群学习数量，从而激发学生在实践中解决具体问题，并通过团队合作等方式共同完成信息任务，体会劳动创造价值的快乐。本课将以六大考核环节完成对技能的习得、文明的落实和精神的培养。

【活动目标】

认知目标：学生通过对教室卫生脏乱等不文明现象进行观察诊断，发现教室卫生问题，从而引发对"教室卫生问题"的关注。通过学习了解和学会家务劳动中的擦桌子、擦玻璃、扫地和拖地，学生认识到当好值日生是爱劳动、爱班级的表现。

行为目标：通过"示范引领、实践体验、互动讨论"方法解决"清洁卫生"中的难点问题，学生动手操练完成清洁卫生技能的落实。通过讲解劳动的小技巧，学生初步掌握做好教室清洁卫生的步骤与方法，激发学生的学习热情。

情感目标：提升学生做好教室清洁卫生的意识，培养学生认真做清洁的好习惯并帮助其对教室环境卫生这个概念产生正确的认识，激发学生愿意当值日生、竞争值日组长的热情，培养学生的集体精神。

【活动准备】

教师准备：准备清洁单，准备扫帚、抹布、垃圾袋等清洁工具，整理"卫生打扫"课前调查数据，记录、拍摄班级清洁卫生实况。

学生准备：课前完成对自我卫生清洁能力的诊断调查。

【适用年级】

小学一年级。

【活动过程】

一、巧设情境，代入角色

（一）图片展示引共鸣

（1）图片导入，引发学生对班级卫生状况的关注。请学生观察两幅图片，一幅展示课桌歪歪斜斜，书本胡乱堆放，地面垃圾到处都是，另一幅展示教室里窗明几净，课桌整整齐齐，并让学生说说更喜欢哪一间教室及其原因。

（2）现场随机采访学生，请他们谈谈对班级卫生情况的观察和看法：
"请你想想办法，怎么改变第一个教室的环境呢？"

（二）知识问答拓眼界

（1）在班级值日中，需要准备哪些工具呢？

学生：笤帚和簸箕、水桶和拖把、垃圾桶、黑板擦、抹布。

（2）在班级值日中，你都知道哪些小妙招？

（三）归纳原因自述痛点

（1）了解教室脏乱的两大原因：不讲卫生、不懂分类摆放。

（2）聚焦"教室乱扔乱放"，小组分工合作。针对小组诊断书提出的乱扔乱放问题，小组成员相互讨论解决方法，一位成员对讨论出的"金点子"进行记录。

（3）行为对照，判病因。判断自己在日常班级值日和生活学习中，有哪些不讲卫生的不文明行为，形成问题整体意识。

（四）教室自述破难点

请学生关注教室的洁净卫生问题，重点引导学生解决乱丢乱放的不文明问题，并使学生思考怎样快速有效地打扫整理好教室。

（1）播放音频，引出教室大问题——不能维护保持。播放《教室的哭泣》音频，引出教室清洁卫生难点问题"不能维护保持"。

（2）师生谈话，引出关卡。怎么高效地做值日呢？老师给同学们准备了六个关卡，来破解难点。

二、动手实践，提升能力

（一）考核第一关——我是黑板美容师

1. 猜谜导入

（1）出示谜语，"黑黑一堵墙，形状长又方，老师讲课时，有它才便当"（打一物），激发学生的学习兴趣。学生猜出谜底为黑板，导入课题。

（2）老师每天上课都会用到黑板，需要及时擦干净，同学们，你们知道怎样擦黑板吗？今天我们一起来学习一下。

2. 知识讲解与示范

（1）介绍擦黑板工具的种类，并向学生展示每种工具的使用方法和特点。

（2）指导学生正确地擦黑板，包括手部动作、力度掌握等。

（3）强调擦黑板时需要注意的事项和安全规范，如不用力过猛、避免粉尘飞散等。

3. 练习与巩固

将学生分成小组，每个小组轮流进行擦黑板练习，确保每个学生都有机会参与。教师观察学生的擦黑板动作，及时给予指导。

分小组进行擦黑板，鼓励学生互相帮助，培养团队合作精神和互助意识。比比哪个小组擦得又快又干净。（请获胜的小组分享擦黑板的方法）

4. 拓展与应用

（1）引导学生讨论擦黑板的重要性，如保持课堂整洁、方便记录等。

（2）让学生思考如何在日常生活中运用擦黑板技巧。

（3）鼓励学生分享自己在擦黑板过程中的体会和感受。

5.总结擦黑板的技巧

要按照顺序,从上到下或从左到右,用黑板擦认真地将黑板擦干净。擦完黑板后,记得用抹布把黑板槽也擦干净。

（二）考核第二关——摆好桌椅真整齐

学习摆桌椅、擦桌子的方法。

1.师生谈话,引出话题

教师:这些扫地工具同学们是不是都很熟悉了,它们分别是?

学生:扫帚、簸箕。

教师:是的,可别忘了,还有垃圾桶。

教师:是不是有同学想说扫地有什么难的,请同学们回忆看看,你扫地的时候是怎么做的呢?

A.看见哪里有垃圾就扫哪里。

B.从中间开始往四周扫。

C.从角落开始扫,保证每个地方都扫干净。

（依次出现动画人物,模拟不同声音）

教师:所以,同学们我们要向C同学学习,认真对待打扫卫生的工作。

2.教师引导：想要把地扫干净可以这么做（播放视频）

我把扫帚手中拿，两边垃圾中间靠。

我请簸箕来帮忙，垃圾扫到簸箕里。

再将垃圾桶里倒，扫帚簸箕送回家，地面清扫真干净。

3.总结扫地的注意事项

（1）先把椅子反扣到桌子上，这样便于清扫地面。

（2）摆放桌椅的时候，注意轻抬轻放，不要挤到手。

（3）擦完桌子，记得把抹布洗干净。

（三）考核第三关——地面清扫少不了（扫地、拖地）

1.师生学习扫地

（1）导入。

教师：要使学习环境干净、舒适，必须保持教室整洁；要使教室整洁，就要经常进行打扫，所以我们一定要学会扫地拖地。（出示课题：扫地、拖地我在行）

（2）教师教学生认识扫帚和簸箕。

教师：在学习扫地前，我们先认识一下扫地使用的工具。（出示扫帚）

教师：同学们，打扫卫生时一般会用到什么工具呢？（出示板书：扫帚）

教师：同学们知道扫帚是由哪些部分组成的吗？（出示板书：扫帚柄和扫把头）

（出示簸箕）教师：同学们，在扫完地之后，我们又要用什么工具把垃圾运到垃圾桶呢？（出示板书：簸箕）再次认识簸箕以及簸箕的两边。

（3）指导学生学习扫地。

拿扫帚	左手在上，右手在下，双手握住扫帚柄，身体向前弯一点。
扫地	右手用力大一些，左手用力小一些，扫帚在脚前贴着地面，往左前方一点一点地扫。
把垃圾堆成一堆	把四周的垃圾轻轻地往一起扫，扫成一堆。
练习拿扫帚	学生一个一个地练习拿扫帚，教师进行辅导，让学生轮流做。

（4）师生总结劳动心得。身体微微前倾，一手在上，一手在下，握住扫帚柄，扫帚贴着地面，有顺序地扫。室内扫地要有顺序地扫，从一边向另一边扫，或者从四周向中间扫。注意不要落下死角，紧贴地面，动作要轻，别把灰尘弄得满天飞。将所有垃圾扫成一堆。将垃圾轻轻地扫入簸箕。将垃圾倒入垃圾桶内。把工具放回原位。

（5）劳动创新。你会扫楼梯吗？扫楼梯时需要注意什么？

2. 师生合作畅谈如何拖地

（1）导入。

教师：地面打扫干净后，拖地就变得很容易了，和擦玻璃一样，拖地的清洁剂也很有讲究，拖地需要洗洁精、护发素、食盐、拖布、桶/盆。

教师请两名学生示范清洗拖把；师生评价，谈谈体会。

拖地：要按照从前到后或从后到前的顺序拖地，遇到脏的地方，要用力多擦几下。

清洗拖把：一边清洗，一边把拖把头里的水挤出来，直到挤出的水变干净为止。

（2）畅谈劳动方法。

> 洗洁精，挤几下，它能去污又防滑；
> 护发素，要适量，地板不易粘灰尘；
> 一勺食盐别忘记，蒸发水分效果好；
> 倒入清水来搅拌，拖布浸湿拧一拧；
> 我把地板认真拖，地板光亮真干净。

（四）考核第四关——窗明透亮心舒畅

1. 话题引入

明亮的窗户是教室的眼睛。透过它，可以看到美丽可爱的校园和四季的变化；透过它，能够看到勤奋学习、快乐成长的孩子们。

一间教室里有很多窗户，它们具有采光、通风、隔绝声音和调节室温等作用。窗户由窗框、窗扇、窗台和玻璃等组成，需要经常擦拭才能明亮，你会擦玻璃窗吗？

2.说一说，议一议

（1）擦玻璃需要做哪些准备工作？你认识这些小工具吗？请选出你认为能擦窗户的工具和材料：洗洁精、护发素、食盐、抹布、桶/盆、喷壶、报纸、扫帚、垃圾桶、小刷子、橡胶刮板。

（2）学生讨论：怎样合理利用工具将窗户擦拭干净？擦玻璃时要注意些什么？

学生总结：注意不要用力过猛，当心弄碎玻璃划破手。如果擦楼上或高处的玻璃，一定要有教师或家长在旁边保护。

【温馨提示】

玻璃是易碎品，我们在擦的时候要注意安全，不能弄碎玻璃，划伤身体。擦拭外窗的玻璃时，若没有走廊，需要请专业保洁人员完成。

3.擦窗技能大学堂

准备工具和材料	清除窗户上的灰尘	涂抹清洁液	刷洗窗户玻璃	清洗窗框和窗槽
准备好清洁窗户所需的工具和材料，包括窗户清洁剂、清洁布、干抹布、废报纸、窗户刷等。	使用柔软的刷子清除窗户上的灰尘和杂物。从窗框开始清理然后逐渐向窗户玻璃移动。	用海绵或清洁布蘸取清洁液，均匀地涂抹在窗户玻璃上。	用窗户刷或清洁布，擦拭窗户玻璃。注意不要用力过猛，以免损坏窗户玻璃。	使用刷子或清洁布擦拭窗框和窗槽，去除污垢和灰尘。

日常维护方法：只用废报纸就可以擦拭完成。

4.擦窗妙招大讨论

除了教师介绍的擦窗方法，你还能想到哪些擦窗小妙招？

（1）可以利用干抹布、湿抹布和一个塑料袋子，把塑料袋铺在干抹布和湿抹布的中间，把塑料袋开口的这边用一个别针在一角把它们都别在一起。这样一个三合一擦玻璃小助手就完成了。

（2）用报纸擦玻璃可以擦得又快又亮。因为不用把窗户弄湿了，这样也可以保持地面和窗台的干净。

（3）抹布叠成长方形，一手抹布一手盆，一下一下轻轻擦，灰尘垃垃擦入盆，洗净抹布擦一遍，抹布叠成长方形，变成推车来帮忙，一来一回不漏掉。

5.擦窗实践齐上阵

在学生了解擦窗方法之后，教师请学生分小组将教室的窗户擦拭干净。

（五）考核第五关——我是抽屉整理小能手

1.认识抽屉收纳整理的重要性

带领学生参观别的班学生整理的抽屉，让学生看到整洁的抽屉。回到教室后，请学生谈谈感受，让学生认识到抽屉收纳整理的重要性。

2.畅谈整理技巧

教师请整理抽屉比较干净的学生谈谈干净的抽屉对自己学习的帮助。确定教育主题：做事有条理，从整理抽屉开始。

3.练习抽屉整理

用照片的形式将班内原有的几位抽屉整理得特别整洁有序的同学及其抽屉的照片贴出来，先请同学们自己介绍，接着教师进行具体的指导。

（1）清楚自己有哪些学习用品，记住它们的名称。

（2）为自己的学习用品做一个总结归纳，一般可以归纳为书、作业

本和文具，并准备几个文件袋，分别装语文、数学、英语等学习资料。

（3）把抽屉分为三个部分，左边的可以放书，右边的可以放作业本，中间放文具。

（4）教师示范指导，全班进行一个大整理。

4.反复训练抽屉整理技巧

接下来的一个月时间里，不断反复训练学生自己整理抽屉，利用大课间活动时间或班队活动时间，让全班学生整理抽屉。

5.强化监管制度

在班内设立专门的抽屉检查员，每组配备一位学生，每天进行督促管理。老师也要不定期检查，如果发现学生的抽屉不够干净整洁，合理惩罚；对于将抽屉整理得干净整洁的学生，可以公布名单并对其进行奖励。

6.家校联手配合坚持整理

整理抽屉习惯的养成也需要家长的配合，学生在家也要整理好自己的抽屉，家长在家应起到监督管理的作用，如果有学生在家偷懒，家长要及时提醒。

（六）考核第六关——教室整洁齐维护

1.导入

教师：同学们，今天我们学习了擦黑板、擦桌子、擦玻璃、扫地、拖地，恭喜各位劳动小达人从新手到劳动小能手一步一步进阶成功！最后一关是维持教室的整洁，各位劳动小能手，祝你们闯关成功！

2.想一想，说一说

同桌之间相互讨论，说说该怎样维持教室的干净整洁。

3.看一看，学一学

教师：下面我们来看看同学们是怎么做的。

4.指出问题，明确要求

教师：各位劳动小达人为小明同学排忧解难吧，想想他应该怎么做。

5.活学活用，填一填

教师：刚刚同学们帮小明同学解决了问题，想必你们已经将维护教室三原则记在心里了，现在我们来总结一下，一起来连线。

不要随地　　垃圾

不要乱扔　　乱涂乱画

不在墙上　　吐痰

6.小结

教师：教室是传递知识、耕耘心灵的场所，明亮、舒适的教室环境会使我们更加专注于学习。学会打扫卫生，更要学会保持卫生。干净、整洁的教室环境应由我们共同守护。

三、活动设计

（一）活动一：班级展示，汇报妙招

1.教师提问，学生分享交流，师生评价

教师：通过今天的活动，同学们都学会了什么呢？

学生：我们学会了扫地、拖地、擦窗……

教师：请大家说说以后应该怎样保持环境卫生？

学生：优美、舒适、干净的生活环境要靠大家去创造，要从我做起，从现在做起，不随地吐痰，不乱扔果皮纸屑，不在墙上涂抹乱画，从小养成保持环境卫生的好习惯。

2.齐做教室变形记录单

将学生的诊断单和"金点子"以教室变形记录单的形式呈现出来，并展示在班级展板上。

3.形成完整的小组自主收纳学习结果用以汇报,以供课后继续学习展示

做卫生也要开动脑筋,要先洒水,后扫地;扫地要有顺序地扫,扫到一起再倒垃圾;摆好桌子,前后对齐,桌椅要轻放;擦桌子用洗干净的湿抹布。

4.读儿歌促内化

当好快乐值日生

今天我是值日生,教室整洁我出力。
擦黑板,要仔细,边边角角不放过。
先扫地,后拖地,劳动安排要有序。
小课桌,擦干净,摆放整齐要爱护。
摆工具,倒垃圾,分工合作讲互助。
关闭门窗把灯熄,做好值日真光荣。

5.总结

教师:通过这次班会活动,同学们学习了劳动小技巧,一步步闯关成功。我们都是班级的小主人,维护干净整洁的教室环境是我们共同的目标。我提议,人人争当值日生,做一个爱劳动、关心集体的好学生。

(二)活动二:作业小超市

1.动动口:与同学、父母分享值日劳动的收获

请学生在课上和同学分享劳动中的所想所得以及自己学习到的劳动技能。

请学生回家和父母分享自己在学校是如何做清洁、做卫生的,以及有怎样的心得体会。

2.动动手——我是值日生

(1)小组分工合作完成值日,并填写值日分工表。在填写值日分工表时,每个人都需要将自己的分工任务、使用的工具、完成的内容以及

心得体会记录下来。

（2）班级评选优秀值日小组，并颁发奖状。

3.课后推进

教师：除了在班级里做好清洁卫生，还可以在哪里劳动，维护哪些环境的卫生呢？

学生：（自由交流）商场、公交车站、家里……这些地方都需要保持好清洁卫生。

师生共同总结：劳动既是一件光荣的事情，也是一件快乐的事情。不管在哪里，不管是不是有人监督，我们都要自觉保持环境卫生，这是我们义不容辞的责任。

【设计意图】

通过和周围人分享、小组分工合作进行值日活动，使学生完成自己的值日分工表，记录自己的分工任务、使用的工具、完成的内容以及心得体会，从而更加深层次地体会到清洁清扫带来的好处，能够自觉自愿、认真负责、安全规范、坚持不懈地参与劳动，形成诚实守信、吃苦耐劳的品质。通过将劳动教育与学生的个人生活、校园生活和社会生活有机结合，丰富学生的劳动体验，提高学生的劳动能力，加深学生对劳动价值的理解。

【活动评价】

《义务教育劳动课程标准（2022年版）》强调，劳动课要注重综合评价，鼓励评价内容多维、评价方法多样、评价主体多元。因此，教师既要关注学生对劳动知识技能的习得，又要关注对学生劳动观念、劳动习惯和品质、劳动精神的培养；既要关注劳动成果，又要关注学生在劳动过程中的表现；既要重视平时表现评价与学段综合评价的结合使用，又要重视定性评价与定量评价的结合使用。

【评价指标】

本课程的评价主体包括学生本人、小组成员、教师和家长，可依据以下评价指标进行评价。

核心素养	一级指标	二级指标	表现标准	评价等级
劳动观念	明确劳动概念	在社会实践中对劳动的认识	认识劳动实践	
		在个体认知中对劳动的认识	感受到劳动的快乐，认识到劳动最光荣	
	学会尊重劳动	对身边劳动者的态度	尊重自己和他人的劳动，尊重同学、父母、老师的劳动	
		对所获得的劳动成果的态度	尊重劳动成果，能保持教室卫生和公共场合卫生	
劳动能力	实践操作	实践思路	了解擦黑板、擦窗户、整理桌椅、扫地、拖地的方法，掌握了清洁卫生知识和技巧，能结合实际情况交流并收集进行清洁劳动的方法	
		习得方法	掌握清洁卫生的基本技法	
	实践技能	学习频率	能够在家庭以及学校中反复练习这些劳动技能并熟练掌握	
备注	1. 评价主体对学生相应的评价点打分； 2. 得分中"★★★★"及以上为"A"；"★★★"为"B"；"★★"为"C"；"★"及以下为"D"			

实践案例十一　最靓教室巧布置

【活动背景】

教室是教师和学生开展教学活动的重要场所，是学生受教育生涯中所度过时间最长、最稳定的场所，所以拥有一个好的教学环境就显得十分重要。

众所周知，优美的教室环境除了能提高学生在校学习和生活的兴趣，也有助于培养学生正确的审美观念，陶冶学生的情操，激发学生热爱班级、热爱学校的情感。因此，教师根据教育教学的需要，组织学生美化教室，合理安排和陈列教室内的各种物件，引导学生充分合理地利用空间，掌握清洁、整理与布置的方法，用劳动和智慧装扮学习的空间，显得十分必要。在参与活动的过程中，学生会更加珍惜教室的物品，学会主动维护、整理教室环境，养成良好的卫生习惯。同时，他们会从中体会到集体荣誉感和劳动的乐趣。

【活动目标】

认知目标：让学生认识到优美的教室空间具有舒适性、美观性、健康性和教育性的特征，从而发现自身所处空间存在的不足，引发学生对教室巧布置的思考，激发学生的想象力和创造力。

行为目标：能展示班级文化和集体风貌，培养学生对教室巧布置的动手操作能力。在小组与小组的协作中，在整体设计与分组落实中，动手实践，实际操练，锻炼学生布置教室的劳动技能。

情感目标： 在动手实践操作中提升学生对教室环境的审美能力，激发学生对优雅教室环境的喜爱和珍视之情以及保持教室环境的积极性。

【活动准备】

教师准备：①关于教室环境布置的调查问卷；②"最美教室"图片、视频；③班级教室平面图；④扮靓教室项目策划书。

学生准备：准备盆栽、书箱、相框、积木、卡纸、布玩偶、小摆件等可以扮靓教室的物件。

【适用年级】

本活动适用于小学五、六年级。

【活动过程】

板块一　扮靓教室我有责

一、引图片，激兴趣

（一）出示图片（出示几张最美教室图片）

（1）教师：同学们，这是几张被评为"最美教室"的照片，我们一起来欣赏一下。

（2）教师：同学们，看完这组照片你们都有什么感受？（请同学们谈感受）

预设1：教室干净明亮。

预设2：图片中教室里的桌椅摆放得很有特点。

预设3：教室里面有一些很有特点的布置。

（3）教师：同学们，这些漂亮精致的教室就是和你们一样大的小朋友共同布置出来的。

（二）引入情境

教师出示学校"最靓教室"评比方案。

交流讨论：同学们，学校即将举行"最靓教室"的评比活动，咱们班这次参赛的班级布置将全权交给大家来安排，大家想参加吗？

二、知调查，会思考

（一）数据展示：出示课前调查问卷得到的班级整体数据

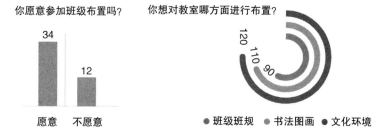

你愿意参加班级布置吗？

34　　12

愿意　不愿意

你想对教室哪方面进行布置？

120　110　90

● 班级班规　● 书法图画　● 文化环境

（二）结果追问：从图表里你知道了些什么

过渡：通过观察可以得知，大部分同学都愿意参与班级布置，但还是有少部分同学不愿意参与，这是为什么呢？

（三）同学交流讨论

预设1：班级布置是老师的任务，和我们没有关系。

预设2：不知道可以为班级布置做些什么。

（四）提出建议

预设1：画黑板报时，如果你不会画，可以帮同学递一下粉笔。

预设2：可以多多参与班级大扫除，保持班级干净整洁。

（五）小结

教室是我们在学校的"家"，美化教室，人人有责。（教师板书"人人参与"）

> 设计意图：通过展示"最靓教室"的照片激发学生的学习兴趣。出示教室评比方案，自然切入话题，强化班级文化建设，营造和谐师生关系。鼓励学生共同参与教室环境布置，形成共建共享的良好局面。

板块二　直面现状来改善

一、给标准，评最佳

过渡：老师相信大家通过其他同学的建议，都已经知道自己可以为班级布置做些什么了，请大家行动起来。根据评价标准，评一评。

评价项目	评价标准	评价等级
环境美	板块清晰，干净整齐	
	布局合理，分类规整	
文化美	教室布置彰显班级文化和集体风貌	
	主题统一，关注到各个文化细节	
特色美	提高效率的小组桌椅摆放	
	凸显班级文化特点的教室角落布置	

二、对标准，找问题

（1）我们的教室还有哪些不足的地方呢？

预设1：教室卫生情况令人担忧，随处可见纸屑垃圾。

预设2：教室桌椅破损，乱涂乱画情况严重，大家的抽屉里面乱七八糟。

预设3：班级墙面上宣传栏内容陈旧单一。

预设4：我们的清洁工具摆放得乱糟糟的，图书角的书也是这样，大家看完也不放好，还有丢书的情况发生。

预设5：讲台上，粉笔随意丢弃，黑板擦总是无故失踪。

（2）小组汇总意见，上台汇报布置要求意见。

预设1：教室地面干净，窗户明亮，无垃圾无灰尘。

预设2：教室墙面张贴着同学们的各类作品和班级班规一类能彰显班级文化的布置。

预设3：同学们爱看书，我们要有一个图书角，还有的同学喜欢小动物、植物，我们可以布置一个植物角或者生物角。

预设4：我们经常进行小组合作学习，但现在的座位不是那么方便，可以将座椅按照我们的需求进行摆放吗？当然，我们会确保整齐。

预设5：教室里外的宣传栏、黑板报要利用起来。

预设6：教室墙面可以设置一个班级荣誉墙，用来展示班级的各种荣誉和班级评比出来的荣誉之星。

预设7：老师布置的作业我总是忘记，可以设置一个作业角来提醒同学们每天的作业是什么。

（3）小组讨论发言，教师引导，对学生的发言进行总结归类，初步制定评价标准表。

关注类别	清洁度	整齐度	创意度	影响度
教室的桌椅	桌面椅面干净，无乱涂乱画；抽屉干净，无杂乱垃圾	桌椅摆放整齐有序，抽屉物品摆放有序，书包摆放整齐	可以根据小组学习要求设计桌椅摆放形状	能高效提升学生小组合作的效率
教室的墙面	无乱涂乱画，干净	墙面上班级文化有序规整	合理利用墙面，从本班实际出发开展浸润学生德育素养形成的班级文化建设	从班级文化影响学生的学习生活习惯
教室的地面	干净，无垃圾	无破损	结合班级文化布置	从细节处影响学生

（续表）

关注类别	清洁度	整齐度	创意度	影响度
教室的角落	干净，无垃圾	相应物品摆放整齐有序	依据班级需求，打造班级特色角落（如图书角、清洁角、植物角……）	发挥各个角落的空间价值，让教室角落的功能性更强
教室的门窗	干净无灰尘，玻璃明亮，窗帘、门帘干净温馨	窗帘、门帘整齐	门牌体现班级文化	彰显班级特色，让学生形成班级凝聚力
讲台	干净	粉笔等物品按类别规整放好		使教师在上课时保持愉悦的心情

三、整治环境，我有招

（1）学生提出整改问题的方法，自由发言。

预设1：我们发现讲台上的小物品又多又杂，可以准备一些收纳盒，分门别类整理。

预设2：我们发现个别墙壁上有手印、脚印和灰尘，希望可以彻底清洁墙壁。

预设3：我们可以自己买花盆，栽种吊兰、水仙、菊花等植物，美化教室。

（2）教师总结：同学们，一所房子如果窗户破了却没人修补，隔不久，其他窗户也会莫名其妙地被人打破；一面墙，如果出现涂鸦没清洗，很快墙上就会被涂得乱七八糟。因此，美好的教室环境，需要大家来维护。

设计意图：本环节让学生充当评委的角色，使学生客观地认识到班级布置存在的问题，从而引导学生想办法整治环境，增加其真实情境的体验感。

板块三　最佳方案我来评

一、乐"云游"，学方法

（1）子曰："三人行，必有我师焉。择其善者而从之，其不善者而改之。"明确了不足，该如何改善？下面，让我们一起"云游览"其他班级的教室布置，看看能否产生新的灵感。

（2）播放视频：走进最美教室 ×× 中队。

同学你好，我是 ×× 中队的班长。今天由我带领你们"一镜到底"游览我们班的教室。看，我们设置了有独特"班味"的中队角。作为小浪花班，我们的中队角是一片蓝色的海滩，海滩上卷起 40 朵小浪花，每一朵浪花都贴上了同学们的照片。这样的教室，温馨诗意，个性十足。

我们还巧用教室前后门，在内外墙的瓷砖上开辟了"美好长廊"。瞧，我们会张贴励志标语或同学们的书画作品，也会定期把班级活动的照片贴在墙上。让每一面墙壁都"说话"，班级就会充满积极向上的力量，激励着我们不断进步。

教室后面的黑板是我们施展才华的舞台。出黑板报，我们全员参与，分组比赛。每一组利用 3 天的时间出好黑板报，最后进行评比。悄悄告诉你，我们通过摸索和实践发现，以图为主、以文字为辅的板报，更能使人感觉赏心悦目。

这是我们班温馨的图书角，给它取一个温馨别致的名字，可以激发班级同学热爱图书的美好情感。在植物角放置一些易活易养的绿色植物，在净化空气的同时，还会让整间教室充满生机。

感谢观看，希望这一次特别的"云游"能够对你有帮助。

（3）在听了这位同学关于美化教室的经验分享后，你有什么启发和收获？

预设1：让墙壁"说话"，可以张贴班级活动照片，彰显班级文化，使同学们感受文化美。

预设2：先确定黑板报主题，再分板块展示原创内容，以图为主，以文字为辅。

预设3：配置温馨的图书角和个性的中队角，给它们取一个别致的名字，使它们具有特色美。

（教师板书：文化美　特色美）

二、最佳方案我来评

教师下发"最靓教室"项目策划书，让学生四人为一小组合作完成策划书。

（1）学生提交策划，课上进行策划宣讲。

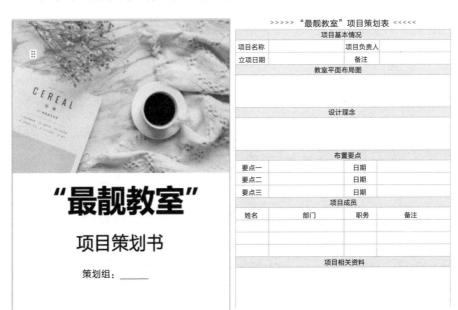

（2）评出"最佳策划方案"。班级同学共同根据评价标准进行评选，选出"最佳策划方案"。

板块四　布置教室我参与

一、明要求，增效率

（一）桌椅

（1）整齐划一：尽量使桌椅摆放整齐，排列密度一致，以方便学生在课堂中交流和互动。

（2）过道畅通：应确保过道的畅通，避免桌椅之间摆放过于拥挤，使学生可以顺利走动和离开教室。

（3）视觉效果较好：注意桌椅的摆放与光线的关系，避免使学生受到直射灯光的干扰，同时应确保每个学生的视角都能看到讲台和黑板，这有助于学生专注听讲和参与课堂。

（4）分组设置：考虑将桌椅按照小组布置，以便学生更好地合作和交流。桌椅之间应有足够的空间，让学生在小组内自由交流，同时能促进互动和合作。

（5）采取小组成员轮岗制：利用小岗位监督桌椅的摆放、桌面的卫生以及抽屉的整理，做到人人有岗，人人负责。

（二）地面

对于教室卫生的保持，可以利用"圆心一米"原则管理，即以每个学生所在位置为圆心，周围一米范围内的区域都是其责任范围，要保证地面的绝对洁净。地面管理同样实行了"人人轮岗"制，班级保洁委员和班主任共同监管学生座位周边的卫生保持情况，并认真记录，纳入学生的小组积分。

（三）墙面

陶行知先生说过："学生不应该专读书，他的责任是学习人生之道。"教室墙面作为一种重要的可利用资源，班主任要对其进行符合学生发展需要的创意设计和布置，让其对班级管理产生积极有效的促进作用。富有创意的墙面布置不仅能让教室更加多姿多彩，还能对学生的行为和品质进行正向引导。

（1）进行班名、班级口号、班风、班规等彰显班级特色的文化布置。

（2）固定主题：评比栏、风采墙、夸夸树、特长榜……

（3）活动板块：依据学校活动、每月节日、班级月等变换主题。

（4）班级风采墙：用照片、证书、奖状等展示班级的优秀成绩和活动成果，增强班级凝聚力和荣誉感。

（5）学生作品展示：将学生优秀的作文、绘画、手工艺等作品贴在墙面上，以展示他们的创造力和才华。

（6）学习目标墙：将学习目标呈现在墙面上，帮助学生明确学习目标，并使其持续关注和为之努力。

（四）角落

1.常规角落安排

（1）卫生角

①洁具分类摆放整齐，配备专门的卫生角管理员。

②提供垃圾分类指南：在卫生角的显眼位置放置垃圾分类指南，鼓励学生将垃圾分类投放。提醒他们正确地处理可回收物、厨余垃圾和其他垃圾，以减少环境污染。

③设立卫生习惯宣传栏：在卫生角的墙上设置宣传栏，贴上关于保持卫生习惯的海报和宣传语。可以引导学生方便、洗手、咳嗽后正确使用纸巾等，以营造良好的卫生环境。

（2）图书角

①布置遵循班级文化主题的图书角，图书管理员负责整理图书，将图书进行分类管理，制作图书借阅册，制定图书借阅规则，规范图书角的管理。

②书架和展示：使用书架摆放图书，并确保图书分类清晰、有序。使用书架上方的墙面设计一个展示区，展示一些图书的封面和相关信息。

③学生推荐角：设置一个学生推荐角，让学生可以将自己喜欢的图书推荐给其他同学，增加图书角的互动和参与性。

④多元化阅读材料：除了图书，还可以提供报纸、杂志、漫画等多种形式的阅读材料，以满足学生不同的阅读偏好。

⑤定期更新图书：根据学生的喜好和需求，定期更新图书角的图书，确保学生始终有新鲜的阅读选择。

（3）植物角

学生共同照顾植物，为它们取名编号，制作名牌、简介牌，给植物浇水，带植物晒太阳，写植物观察日记，学习植物知识。在植物的选择方面，应考虑以下几点。

①选择易于养护的植物：考虑到学校的繁忙日程和学生的注意力都集中在学习上，选择易于管理和养护的植物是至关重要的。例如，仙人掌、琴叶榕等，都是不错的选择。

②考虑空气质量：植物对净化室内空气起到重要作用。选择那些能够有效吸收有害物质和释放氧气的植物，如吊兰、铁树、常春藤等，种植在教室中，能够提高教室的空气质量，为学生提供更清爽的学习环境。

③考虑植物的高度和形态：根据教室的空间和布局，选择适宜的植物高度和形态。高大的植物可以在角落或墙边提供绿色的背景，而小型且易于摆放的植物则可以放在桌子上或窗台上，以增添生机。

④考虑植物的触感：有些植物的叶子柔软而光滑，有些则有草木之感。根据学生的年龄和需求，可以选择不同触感的植物。触感丰富的植物可以增加学生的互动和触觉体验。

⑤考虑植物的颜色：植物的颜色也是布置教室的重点考虑因素之一。选择色彩鲜艳或有趣的植物，可以为教室带来活力和快乐氛围。例如，红掌、文心兰等都是具有鲜艳花朵的植物，可以给教室增添色彩。

⑥考虑植物的安全性：在选择植物时，应确保它们无毒且不会引起过敏，并了解一些基本的植物养护知识，包括浇水、施肥和日常维护。此外，还要确保植物的摆放位置不会影响到学生的活动和学习。

2.救急角

（1）配备纱布、碘伏、口罩等医用物品，以及纸杯、纸巾、订书机、雨伞等日常用品，以备不时之需。

（2）学生在使用完后，要记得将物品及时归还到救急角，医用物品等使用之后要及时补上，以便后面的同学使用。

3.交流角

（1）设立一个交流帖子：在交流角的墙上放置一个留言板，以便学生贴上自己的留言或想法。可以使用贴纸、磁贴或便条纸，让学生可以随时写下他们想要传达的信息。

（2）安排定期的交流时间：为交流角设置一个固定的时间，让学生可以在该时间段内聚集在一起交流。可以安排小组讨论、主题讲座或自由交流等活动，以激发学生的交流热情。

（3）设立交流角的规则：为交流角制定一些规则和准则，如尊重他人、互相支持和保持秩序等，这样可以确保交流角的正常运作，同时可以培养学生良好的交流习惯。

二、布置教室我参与

学生开始行动起来，各自分工，按照"最佳策划方案"实践，布置教室。

【板书设计】

最靓教室

现状 ┌ 人人参与
　　 ├ 亟待解决
　　 └ 提高改善

　　 ┌ 环境美
　　 ├ 文化美
　　 └ 特色美

实践案例十二　我来助力蛋变鸡

【活动背景】

为认真贯彻实施国家教育发展的战略决策，根据《中共中央 国务院关于进一步加强和改进未成年人思想道德建设的若干意见》精神，现就加强新时代生命教育提出如下指导意见：充分认识新时代加强生命教育的重要性，明确生命教育的总体目标及主要内容，坚持生命教育的基本原则。

孩子们天生就喜欢小动物，对小动物有着浓厚的探索欲望，毛茸茸的小鸡崽更是深受孩子们的喜爱。家鸡是大众比较熟悉的家禽品种，其养殖有着种蛋易获取、孵化时间较短、成长周期不长、孵化及饲养技术不难等特点，是一种比较适合孩子们参与的养殖项目探索活动。让孩子们参与养殖家鸡的孵化、育雏、成长的全过程，不仅可以帮助孩子们初步养成热爱劳动的观念，还能促进学生在知识、技能和思想等方面的发展，使学生养成自觉自愿、认真负责、专心致志、有始有终的劳动习惯和品质，形成不怕困难的劳动精神。

【活动目标】

认知目标：熟知小鸡特征与孵化流程，通晓孵化箱工作原理，熟悉种蛋特性以及清洗、消毒、孵化的具体办法，体会养殖劳动的重要意义，通过孵化小鸡的过程，探索养殖劳动的价值。

行为目标：针对孵小鸡劳动中的问题，学会选取并运用恰当的劳动知识与技能，初步形成家鸡孵化能力。在孵化小鸡的过程中培养团队协作精神，提升观察与描述能力，能准确描述小鸡孵化过程中的变化。

情感目标： 使学生在孵小鸡劳动中深切体会"一分耕耘，一分收获"的道理，培养学生的责任感与关爱精神，增强学生对生命的尊重与关怀，培养学生勤俭、勇敢的精神品质，激发学生主动承担劳动的意识，培养学生热爱劳动的积极态度。

【活动准备】

教师准备：①准备种蛋、孵化器、消毒水等物品；②准备废旧纸箱、小刀、酒精、畜用隔尿垫、加温系统（包括陶瓷灯头、加温灯、温控器）。

学生准备：提前预习小鸡孵化的原理。

【活动过程】

一、小鸡孵化我知道

（一）课前学生准备，提前了解内容

（1）学生自己提出孵小鸡的大致思路，通过查阅资料等方法获取信息，解决自己认为可能会遇到的问题。

（2）提前认识孵化器，了解孵化器的工作原理；提前了解如何区分种蛋。

（3）教师准备孵化箱成品及 4 套组件、录像、养鸡资料摘编、课件等，以供学生认识孵化工具以及学习养鸡知识。

（二）设计情境，做好准备

孩子们对于孵小鸡了解不多，教师应提供课前准备的摘编资料供学生查阅，让其了解更多知识，为他们探索解决问题的方法提供帮助。

教师：想必同学们都知道著名科学家爱迪生，他小时候曾做过一件

非常有趣的事情，就是自己钻到鸡窝里，学老母鸡的样子孵小鸡。大家觉得这样真的能孵出小鸡吗？怎样孵小鸡才是切实可行的呢？

引导讨论，得出启示：通过模拟母鸡孵小鸡的必要条件，就可以孵出小鸡。

揭示课题：我有孵化"神器"（板书）。

（三）小组合作，挑选种蛋

（1）了解种蛋，种蛋是指可用于孵育繁衍幼禽的各种禽蛋，在这里指可以孵化出小鸡的鸡蛋。

（2）教师为学生讲解判断鸡蛋受精的方法。

> 想要确定鸡蛋是否受精，可以在一个暗室里面用手电筒或者其他发光的工具照射鸡蛋的大头（气囊所在地）部位，用拇指和食指握着鸡蛋的上部，稍微倾斜鸡蛋，旋转，直到获得最佳视野，如果发现蛋黄表面有个小圆圈（类似鱼的眼睛），就是受精的鸡蛋，反之就不是。

（3）小组合作对鸡蛋进行观察，区分出受精蛋，看看哪一个小组分辨出的最多。

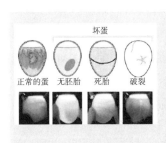

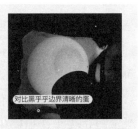

（四）出示孵化器并介绍

教师：同学们，这就是我们孵小鸡需要用到的孵化"神器"，它可以代替老母鸡孵小鸡，为什么呢？大家来仔细观察观察。

（学生观察汇报）

（五）初试机器，正确操作

（1）教师：我们有了孵化"神器"，那么该怎么使用呢？

（2）教师播放试机视频。

（3）小组内轮流演练，教师予以辅助。

二、我来助力蛋变鸡

（一）查询资料

（1）同学之间互相讨论，整理汇总同学的观点，自己提出孵小鸡活动的大致思路。

（2）对于自己遇到的问题，可以通过查阅资料等方法获取解决问题的信息。

（3）通过相关书籍、资料或互联网查阅"鸡的胚胎发育过程"相关资料。

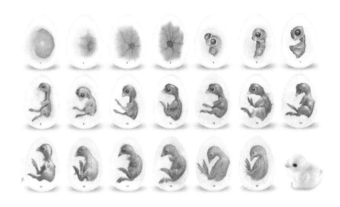

（二）准备过程

（1）使学生学会对种蛋进行清洗消毒。因为实践人员是小学生，因此应选用简单又安全的种蛋消毒方法：碘液消毒法。即将种蛋置于 0.1% 的碘液中浸泡 30 ~ 60 秒，之后取出种蛋沥干装盘即可。浸泡种蛋 10 次后，溶液中的碘浓度会降低，如需再用，则可延长浸泡时间至 90 秒，或者添加新配制的溶液。

（2）在用孵化箱进行孵化的过程中，学生应乐于用学到的知识和技能去解决问题，体会到劳动技术是有用的。

（3）使学生了解鸡的胚胎发育的大致过程，从而激发学生对劳动的好奇心、探究欲；同时让学生体会到呵护生命、关爱生命的情感。

（三）提炼过程重点

孵化有重点，聚焦齐思考。为了更好地进行小鸡的孵化，提高孵化率，还需要注重孵化过程中的三个重点：①种蛋存放时长；②孵化器孵化温度；③翻蛋以及通风。

（四）实践过程

（1）根据注意事项，了解孵化工具。教师展示教学准备中的资料与工具等，引导学生了解孵蛋过程中的注意事项，巧用总结出的重点进行分步活动，之后小组进行孵蛋活动。

①孵化器准备：种蛋的孵化需要适宜的温度和湿度，因此首先应设置好孵化器的参数。对于大多数家禽来说，应将温度设置在 37.5 摄氏度左右，湿度控制在 50%～55%。

②蛋的选择：选择健康的鸡蛋，确保没有明显的破裂或污渍。最好使用在一周内收集的新鲜鸡蛋。

③放置蛋：将选好的鸡蛋均匀地放入孵化器的蛋盘中。如果使用的是自动转蛋机，应确保正确设置。

④孵化过程：孵化器应保持恒定的温度和湿度。在孵化的过程中，蛋需要翻转，以确保胚胎在蛋内均匀发育。

⑤孵化时间：不同的情况会产生不同的孵化时间，我们设置的孵化时间为 21 天。

⑥孵化后处理：小鸡孵化出来后，需将它们移到保温笼内，并为其提供温暖和干燥的环境。

（2）班级讨论，分享观察。整理自己通过实践得出的结论，并在班级内进行分享。

讨论分为两种情况：一种是课堂上时间不够孵化时长，一种是经过 21 天的周期后孵化不出来的情况。

解决方法：出现这些情况，可以利用教学工具进行实践代替，这还可以让学生更加快速、直观地了解到孵鸡蛋的整个过程。

在利用前面所提到的教学工具进行演示时，教师还可以适时指出生命并不是呆板的，实际过程中生命是生动的，也是脆弱的，因此需要注意许多可能会导致这种情况发生的原因。例如，温度过高或过低都会导致胚胎死亡，因此保持适宜的温度是小鸡成功孵化的重要因素之一，一般需要将孵化温度控制在 37.5 摄氏度左右。又如，家用孵化器的不稳定也会造成小鸡孵化失败，因此选一个正常、靠谱的孵化器至关重要。

在此项活动中，教师还应关注学生的心理情况。要知道，小孩子都比较善良和脆弱，如果孵化不出小鸡，可能会导致他们产生难过的心理，因此，教师需要关注学生的心理变化情况，对其进行及时的疏导，并告知他们，生命是不能随便由他人控制的，我们进行的生命教育更不能刻意为之，我们应体会生命的珍贵，珍惜所有的生命。

（3）回归生活，观察实践。播放相关视频，引发学生思考，制订观察计划，在孵化过程中通过照蛋等方式进行定期观察，并采用自制记录表、观察日记、照片记录等自己喜欢或擅长的方式做好观察记录。

（4）教师巡视、给予帮助和指导。

（五）整理讨论结果，上升价值体验

（1）技术价值分享。整个过程运用了高科技技术，以及其他的科学性的指导动作，因此学生体会到了科技的厉害之处。

（2）情感价值分享。小鸡的孵化过程体现了生命的魅力，学生应能够感受到生命的神奇。（板书：生命的神奇）

三、小鸡之家我来建

（一）引出主题

教师：刚出壳的小鸡怕冷，如果周围环境温度偏低，可能会使小鸡

生病或死亡，因此我们需要做一个简单的育雏箱，为小鸡的健康成长提供一个温暖舒适的环境。

（二）自由讨论

教师：同学们认为小鸡的家可以用什么来制作呢？

学生：可以用一个箱子。

教师：非常好的主意！小鸡比较怕冷，那么箱子里需要准备些什么呢？

学生：可以在箱底垫上柔软的材料（如草、棉花等），准备一个发热的灯泡，增添换气通风设施……

教师：同学们说得非常全面。那么，我们来看看视频里的做法吧。

（三）观看视频

师生共同观看简易育雏箱的制作视频。

（四）制作育雏箱

各小组分别制作专属于自己组的简易育雏箱。

1.育雏箱的制作方法

（1）准备材料：废旧纸箱、小刀、酒精、畜用隔尿垫、加温系统（包括陶瓷灯头、加温灯、温控器）。

（2）制作过程。

①制作落地窗：用小刀将纸箱侧面掏空，并在掏空处正反两面贴上透明胶带。

②消毒箱体：用酒精喷洒箱体进行消毒杀菌，防止小鸡感染。

③铺设隔尿垫：箱体晾干后，铺上畜用隔尿垫，防止粪便粘到纸箱上。

④安装加温系统：将陶瓷灯头贴到箱体上方，将温控器探头贴在箱体加热灯正下方，并设置好温控器的温度，使灯下温度保持在35摄氏度。

2.制作育雏箱的注意事项

（1）安全问题：在制作育雏箱时会使用到刀具、电线、灯具等，教师要提醒学生注意安全，不能随意使用刀具，并时刻注意学生的操作是否安全。

（2）温度控制：育雏箱中的温度对于雏鸡的生长和发育至关重要。在确保育雏箱配备了温度控制装置后，可以根据雏鸡的需求调节温度，一般控制在28～32摄氏度。此外，育雏箱中还应配备一个温度计，用于监测育雏箱内的温度。

（3）鹅卵石或沙子：在育雏箱底部铺设一层鹅卵石或沙子，可以起到保湿和保持温度稳定的作用。此外，鹅卵石或沙子还可以为雏鸡提供一个站立的平稳表面。但需要注意的是，使用前务必清洁并加热消毒。

（4）水源：为雏鸡提供清洁的饮水是非常重要的。育雏箱中应配备一个水杯或小型水槽，以方便雏鸡饮水。水源应保持清洁，每天更换，并随时补充新鲜的水。

（5）饲料器：选择适合雏鸡的饲料器非常重要。雏鸡需要小而浅的饲料器，以便它们能够轻松地吃饲料。饲料器应该容易清洁和维护，以确保饲料的卫生。

（6）照明：提供适当的照明对于雏鸡的生长和发育也是至关重要的。育雏箱中应配备合适的照明设备，此设备应可以模拟自然光线，照明应该保持稳定和适当的周期。

（五）成果展示

小组展示劳动成果，教师点评。

四、小鸡观察日记

（一）制作小鸡观察日记

小组分别观察自己负责的小鸡，记录小鸡的生长活动。

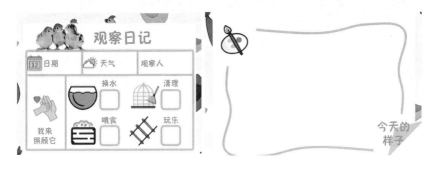

（二）给小鸡画肖像

小组分别观察自己所饲养的小鸡，画出自己眼中的小鸡。

（三）母鸡下蛋，收集鸡蛋

等到小鸡长大后，母鸡就会下蛋了。因为鸡舍中可能会有鸡粪存在，所以鸡蛋所处的环境可能存在一些细菌和病毒，对此应及时收集鸡蛋。在拾取鸡蛋前，应先洗手，保持手部卫生。又因为鸡蛋的蛋壳比较脆弱，所以在拾取鸡蛋时应注意轻拿轻放，防止鸡蛋破裂。

（四）巧用鸡蛋来做菜

母鸡下的鸡蛋分为受精蛋和未受精蛋，其中受精蛋可以孵出可爱的小鸡，而未受精蛋就可以用来制作美味的食物。

（五）成果展示

小组展示劳动成果，教师点评。

【活动总结】

这次课程是一项充满趣味的实践活动，它不仅让学生了解到了生命的神奇，还培养了他们的观察力和耐心。以下是对这一课程的详细反思。

一、优点与不足

（一）优点

（1）课程内容设计科学。本课程涵盖了从鸡蛋选择、孵化设备介绍，到孵化过程中的温度、湿度控制等各个环节。

（2）亲身体验，实践性强。通过观察鸡蛋的变化，学生可以直观地看到生命的诞生过程，从而增强对生物学的理解。

（3）有利于培养学生的责任感。孵化小鸡需要学生持续关注并调整孵化环境，并需具备高度的责任感。

（二）不足

（1）对于某些学生来说，孵化的过程可能过于复杂，导致他们难以理解和掌握。

（2）孵化的成功率并不是百分之百，有些学生会因为失败而感到沮丧。

二、改进措施

（1）教师可以适当地调整教学方法，如通过图解、视频等方式辅助教学，以便更好地帮助学生理解孵化过程。

（2）教师应鼓励学生在失败中学习，认识到失败是成功之母，从而培养他们的抗挫能力。

三、注意事项

（1）在活动过程中，学生会用到鸡蛋孵化器并涉及插电事宜，需要注意儿童的安全用电问题。

（2）组装过程中的发热灯泡及小刀等工具存在安全隐患问题，教师在分发工具时需提醒学生注意安全。

（3）部分学生可能存在对动物毛发过敏的现象，教师需要提前了解学生的过敏原。

姓名		班级		日期	
课程名称					
核心素养		表现标准			得分
孵化知识掌握	（1）对孵化原理和过程有清晰的理解，包括对鸡蛋结构、温度控制、湿度调节等方面的知识有所了解				
	（2）能准确解释孵化过程中可能出现的问题并提出解决方法				
	（3）能够根据孵化阶段调整孵化器的设置，如温度、湿度等				

（续表）

姓名		班级		日期	
课程名称					
核心素养	表现标准				得分
小鸡生长观察	（1）每天定时观察小鸡的生长状况，记录其生长数据				
	（2）能根据观察结果判断小鸡的生长状态是否正常				
	（3）掌握小鸡的饲养知识，知道如何为其提供适宜的饲料和水源				
	（4）记录小鸡的生长过程，制作观察日记				
问题解决能力	（1）在孵化过程中遇到问题时，能够迅速判断问题产生的原因				
	（2）能够独立思考，提出解决方案并付诸实施。				
	（3）在无法解决问题时，能够主动寻求帮助，与指导老师或同学进行有效的沟通				
团队协作精神	（1）在小组内分工合作，完成各自的任务				
	（2）积极参与团队讨论，分享自己的想法和经验				
	（3）愿意帮助团队成员解决问题，共同完成孵化小鸡的任务				
	（4）能够主动融入小组合作，积极主动地完成小组分工任务				
	（5）在劳动协作的过程中有良好的沟通和表达能力				

实践案例十三 童心篆刻传古韵

【活动背景】

篆刻是中国传统艺术中的一种独特形式，它是以刻画和雕琢的方式在印章上刻出汉字和图案的技艺。篆刻作为中国古代文物和书法艺术的重要组成部分，具有丰富的文化内涵和极高的艺术价值。本活动以篆刻为主题，以行引知，以知导行，让学生通过篆刻走进社会和生活，带领学生体会中华传统文化，培养学生的动手能力，提升学生的审美水平，使学生体会美术与传统文化间的关系。

【活动目标】

认知目标：让学生了解篆刻的起源、发展历史及其在中国文化中的重要地位，增强学生对传统文化的认知和理解；让学生掌握篆刻的基本技法，包括刀法、章法、篆书书写等，培养其实际操作能力和动手能力。

行为目标：小组合作，通过观察、模仿、实践等方式，体验篆刻的制作过程，在过程中发现问题、分析问题并解决问题，从而激发学生的创造力和想象力，同时培养学生的沟通协作能力和团队精神。

情感目标：通过欣赏和评价篆刻作品，提升学生的审美素养，使其切实感受到传统文化的魅力，培养学生对篆刻艺术的热情和欣赏能力，从而增强对传统文化的认同感和自豪感。并且通过努力和探索，增强学生的自信心和自我认同感。

【活动准备】

教师准备：①600目水砂纸；②篆刻字典；③印床；④工作垫；⑤印泥；⑥刻刀、连史纸；⑦小刷子；⑧铅笔；⑨红黑记号笔。

学生准备：①一盒印泥；②一个牙刷。

活动流程：

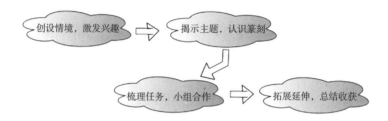

【适用年级】

本活动适合小学三至六年级。

【活动过程】

一、激趣导入，吸引学生注意力

（一）展示作品，引导鉴赏

教师向学生展示精美的篆刻作品，带领学生初步鉴赏，使学生感受到篆刻背后隐藏的奥妙，从而激发学生对篆刻文化、学习新知识的兴趣。

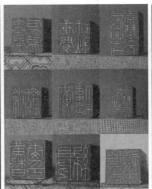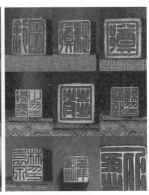

（二）提出问题：篆刻是什么

引导学生将注意力聚焦于篆刻，启发学生思考，使其自主探究篆刻文化的内涵及意义。（教师对学生的回答可给予适当的评价及表扬）

二、讲解篆刻知识，做好指导工作

（一）了解篆刻，共同学习

教师需讲解必要的篆刻知识和劳动流程，以便学生进行高质量的劳动活动。对此，教师可以从篆刻的文字角度进行解释说明，表明本节劳动课的主要任务是篆刻文字，使学生体会其中的文化，感受文化意蕴，热爱中华优秀传统文化。

1.什么是篆刻

中国篆刻是一种将书法（主要是篆书）和镌刻（包括凿、铸）结合起来，从而制作印章的艺术。

2.篆刻的起源及发展

教师介绍自殷商时期起经历汉、魏晋南北朝、唐、宋、元、明、清时期印章在功能、篆刻手法等方面的演变历程，并分享关于篆刻的故事。

在清朝时期，有一位名叫邓石如的篆刻大师。他的篆刻技艺精湛，名扬四海。有一天，一位官员慕名而来，请求邓石如为他刻一枚印章。

邓石如见这位官员态度傲慢，便想捉弄他一番。邓石如接过官员递来的印材，仔细端详了一番，然后郑重其事地说："大人，您这块印材质地非凡，非同小可。刻印时，我需全神贯注，不能有丝毫分心。因此，请您在刻印期间保持安静，不要打扰我。"官员一听，连忙点头答应。

于是，邓石如开始认真刻印。他时而轻描淡写，时而挥毫泼墨，似乎在与印材进行一场无声的对话。官员在一旁看得目瞪口呆，心想这位大师果然名不虚传。过了许久，邓石如终于刻好了印章。他拿起印章仔细端详，满意地点了点头。然后，他将印章递给官员，说道："大人，请验收您的印章。"官员接过印章一看，顿时愣住了。原来，邓石如刻的并不是官员的名字，而是一只活灵活现的乌龟。官员气急败坏地质问邓石如："你这是什么意思？我明明让你刻我的名字，你却刻了一只乌龟！"邓石如微微一笑，解释道："大人息怒。您有所不知，乌龟在传统文化中象征着长寿和吉祥。我刻这只乌龟，是希望大人能够长命百岁，福寿安康。而且，乌龟的形状也与您的名字颇为相似，正好符合您的身份。"官员听了邓石如的解释，虽然心里仍有些不悦，但也无法发作。他只得悻悻地拿着乌龟印章离开了。从此，邓石如的篆刻技艺和机智应对成为人们茶余饭后的谈资，传为佳话。

这个故事不仅展示了邓石如精湛的篆刻技艺，还体现了他的机智和幽默。在篆刻的世界里，这样的趣事还有很多，它们不仅丰富了人们的文化生活，也让篆刻这门古老的艺术更加生动有趣。

3.篆刻的分类及其作用

（1）姓名章：姓名章一般分朱文（阳文）和白文（阴文）两种。一幅书法作品上盖两方姓名章时，最好一朱一白，两章大小相宜。款尾用多章时，次序是先姓名章，后字、号章。

（2）闲章：分为引首章、拦边章、压角章、拦腰章。其可以增加艺术效果、表达情感和志趣、反映个人修养和学识、调整布局和平衡、寄寓文人的风骨和雅趣。

（3）鉴藏章：鉴藏章是鉴赏收藏者用章。据载，鉴藏章始于唐朝，宋朝以后盛行。唐太宗自书"贞观"二字作连珠印，唐玄宗作"开元"二字连珠印，皆用于御藏书画。后来鉴藏名称颇多，如收藏、珍秘、审定、鉴赏、过目等。

4.篆刻工具介绍

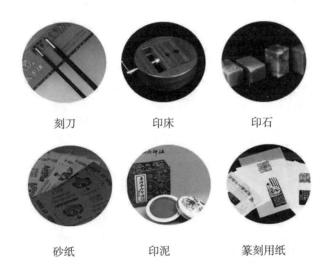

刻刀	印床	印石
砂纸	印泥	篆刻用纸

5.篆刻的刀法

（1）冲刀法：刀柄侧斜，以刀角入石。指实掌虚，五指和手腕用力推刀，做上下、左右、顺逆的冲刻。其中横冲是以刀外向倾斜，刀锋右角插入石中。运刀时，中指自右外向左推刀。竖冲则以中指拔刀，上下向运刀冲刻。

（2）切刀法：五指握刀，刀柄垂直，以刀角入石，运用腕力频频向下按刀，使两刀刀角交替切进石内，将切出的刀痕连接成印文线条。切刻时按刀用力不要太重，以免使刻出的跳刀痕迹错落不齐，形同锯齿。应使切刻出的线条气势连贯，浑然一体。切刀法所刻印文浑厚苍劲，刀法意味浓厚，并能锲刻较硬质的印材。

（3）双刀法：在印文笔画两侧施刀，用两刀或两刀以上把印文笔画的实线刻出。朱文印是沿笔画两侧刻出外廓，用切戳的方法将笔画之外的印底剔铲掉，使印文笔画凸起在印面上。刻朱文印用刀要求通畅贯气、线条均匀。成功的朱文剖面呈泥鳅背状，产生书法中锋用笔所具有的力透纸背、浑厚饱满的艺术效果。

（4）单刀法：指印文笔画用单线刀迹完成，用于刻细白文。在印文笔画实处用刀。单刀法不是只用一刀一次刻成，也可以采用重刀复刻。不过所有用刀要走向一致，不能显出复刀的刀迹。单刀刻法要求运刀稳健、肯定，构成生辣自然、不加修饰的效果。

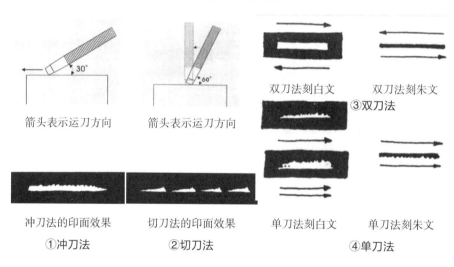

箭头表示运刀方向　　箭头表示运刀方向　　双刀法刻白文　　双刀法刻朱文
③双刀法

冲刀法的印面效果　　切刀法的印面效果　　单刀法刻白文　　单刀法刻朱文
①冲刀法　　　　　②切刀法　　　　　④单刀法

（二）分发工具，享受篆刻过程

（1）为学生发放篆刻劳动需要的工具，让学生初步尝试篆刻，在动手中积极思考劳动的意义。

（2）请熟悉篆刻艺术的学生对有关知识及注意事项进行讲解，并对学生的回答进行适当的补充。

（3）提供权威性印谱和字典供学生参考。

（4）教师巡视课堂，注意学生的操作，并对有困难的小组进行个别指导。

三、合作学习，集体劳动实践

（一）分组

将班级中的学生根据前后位置分成四个小组，让学生以小组为单位继续进行讨论，同时播放多媒体视频，让学生明确篆刻的必要步骤。

（二）准备印石

将砂纸平铺在水平的桌面上（最好选择一块玻璃面），将印石（选一方与将要临印的印面大小一样的印石）放在砂纸上进行打磨，直至印面平整。

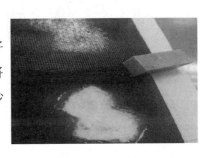

（三）设计印稿

初学者宜临印，即选择一方印，将一张半透明的纸（宣纸或连史纸）附在印稿上，用毛笔蘸墨临出印稿。如果想创作印章，可以用印石在纸上印出痕迹，然后用毛笔勾画出边框，再查字典选用适当的篆文设计印面，设计印面一定要注意和谐与统一还有印的留白。

（四）印稿上石

刚开始学习篆刻就直接在石头上写出印面难度较大，而水印上石的办法会大大减少失真，因此对于初学者来说，宜选用此种方法。即将印稿反附在石头上，用干净的毛笔蘸清水打湿印面，等印面完全湿透，用宣纸吸干多余的水分，待吸到8分干的时候再附上新的宣纸，用手指均匀地按压印面。最后取下印稿，基本上印稿就复制到印石上了。再将印石放在镜子前观察，看是否还有需要修改的地方。当然，能力强者亦可直接写到石料上。

（五）操刀治印

使用正确的执刀手法，视情况运用运刀方法刻出印文，后进行修饰处理。在刻好印后，不要着急钤印，须再涂上一层墨，对照原印稿查看是否还有需要修改的地方，若有则需要再次补刀调整，此时补刀页不应用刀去刮线条，而应用刀去刻，这样线条才有骨力。最后处理边框。

笔式执刀法　毛笔式执刀法　握拳式执刀法　由内向外直刻　由外向内直刻　由右向左横刻

（六）钤印

印章在蘸印泥前，必须先揩刷干净，特别是新刻好的石章，必须把笔道内的石屑刷去，以免污染印泥。蘸印泥时，整个印面都要均蘸，这样印出来才不会缺少线条。钤印时，纸下面可以垫上一本书或者专业的印垫，或者用印规来保证印面工整不倾斜，左手固定印章，右手用适当的力量均匀按压印章，这样可以确保印面能均匀着纸，使钤印效果更好。

四、展示成果，表达感悟

（1）学生尝试根据学习的篆刻知识，用下发的工具进行实践。教师在班级中巡视监督各小组的实践情况，必要时对学生的动作进行指导纠正。

（2）在学生实践活动基本完成后，各个小组派出代表展示劳动成果，同时分享组内对篆刻艺术的感悟。

（3）学生成品展示。

（4）学生实践活动基本完成后，分享组内讨论中获得的对篆刻艺术的感悟。

五、总结鉴赏，加深印象

（1）在学生代表展示作品后，教师引导学生对作品进行鉴赏，使学生思考如何对篆刻进行评价。

（2）教师引导学生结合自己的劳动经历，认识到线条和结构在鉴赏篆刻劳动作品中的重要性。

（3）篆刻中极为重要的方面就是结构和线条。在书法篆刻艺术中，一定要做到对线条的审美具有基本的感觉和基本把握。书法和篆刻是线条的艺术，线条是根基，抓住根基方有后续。篆刻线条基本的审美标准来源于书法，和书法一样，篆刻的线条同样有方圆、肥瘦、新旧等区别。因此，篆刻的线条要求可以参照篆书，它既有质朴典雅之别，又有平滑毛涩等不一样的种类。

（4）篆书的线条由轮廓线和内质构成。篆书的线条大致有平滑的线条和毛涩的线条。平滑的线条轮廓线一般比较简洁明了，简单说就是轮廓线比较平滑，没有过多的起伏变化。平滑的线条一般给人崭新的感觉。毛涩的线条轮廓线比较复杂，多起伏变化，而正是这种起伏变化，给人一种良好的审美体验。

（5）对四个小组的成果进行评价，并将其列为表格。

测评内容	评价标准	第一组	第二组	第三组	第四组
美观程度	笔画流畅				
	字体美观				
实用程度	材质耐用				
	功能满足				

（续表）

测评内容	评价标准	第一组	第二组	第三组	第四组
小组合作	分工协作				
	沟通交流				
创新创意	创意构思				
	表现手法				
总评					

六、作业布置

实践活动课后，学生需要复习回顾课堂上所学习的篆刻基本知识，在整理好笔记的同时，选择几幅经典的篆刻作品进行赏析。感兴趣的学生还可以在家长陪伴并确保安全的前提下，继续设计喜欢的篆刻作品。

【活动反思】

（1）总体评价。本次劳动教育从整体上来看较为成功，学生既掌握了篆刻的基本知识，也能够在课堂上积极实践，在教师的引导下创作出符合标准的篆刻劳动作品，感受到了劳动和艺术融合的魅力，得到了全面发展。

（2）不足之处。在活动过程中，一些学生对于篆刻的基础知识和技巧还存在疑惑，但由于时间限制和课堂节奏，笔者无法一一解答，因此在未来的教学中，笔者应更加注重和学生的互动，鼓励他们提出问题，确保每位学生都能跟上教学进度。

（3）如何改进。篆刻艺术博大精深，已经成为我国传统文化的重要组成部分，具有独特的艺术价值和使用价值，在本次劳动教学后，笔者需要对相关基础知识做进一步说明，让学生在课后不断进行练习，努力提高篆刻的本领，自觉继承中华传统文化，做一名新时代的"小小篆刻家"。

实践案例十四　致敬最美劳动者

【活动背景】

《中共中央 国务院关于全面加强新时代大中小学劳动教育的意见》明确指出了劳动教育的内涵、目的、要求及实施路径，劳动教育得到了社会各界的广泛关注。本主题是五年级上学期的活动内容，属于劳动精神范畴，即通过带领学生感知劳动的含义，了解最美劳动者的事迹，认识生活中常见的劳动，如水稻等粮食的种植方式，并通过小组协作表演小品的形式进一步增强对劳动的认识。同时，充分利用劳动评价表，鼓励学生争做最美劳动者。通过这些活动过程，帮助学生形成良好的劳动观念，培养热爱劳动的美德，从而实现培育全面发展的高素质人才的愿望。

【活动目标】

认知目标： 让学生深刻理解劳动的价值和意义，培养对劳动者的敬意和感激之情。通过亲身体验劳动过程，使学生能够感受到劳动者的辛勤付出，从而树立正确的劳动观念和价值观。同时，该课程也旨在激发学生的劳动热情和创造力，培养他们的动手能力和实践能力，为他们未来的职业生涯和社会生活奠定坚实的基础。

行为目标： 引导学生通过实际行动表达对劳动者的敬意。这包括学习劳动者的敬业精神和专业技能，积极参与实践活动，亲身体验劳动的艰辛与快乐。同时，鼓励学生主动为劳动者提供帮助和支持，传递正能量，营造尊重劳动的良好氛围。通过这些行为，学生将学会感恩和珍惜他人的劳动成果，成为有社会责任感和有担当的新时代青年。

情感目标：使学生树立劳动最光荣、劳动最崇高、劳动最伟大、劳动最美丽的观念；激发学生劳动的积极性，培养学生对社会的奉献情怀和服务意识；引导学生尊重所有劳动者，培养学生对劳动者的深厚感情。这种情感上的共鸣将激发学生内心的感激之情与敬意，使他们更加珍惜他人的劳动成果，激励他们以更加饱满的热情投身于学习和未来的工作中。

【活动准备】

教师准备：①准备身边的劳动者情况调查，设置任务卡；②要求学生根据自身实际情况选择相应的组；③要求学生准备一张卡纸，准备多媒体课件、相关照片、视频、音乐；④整理调查表数据。

学生准备：①对身边的劳动者情况进行调查，领取任务卡，制作职业体验任务单；②根据自身实际情况选择相应的组；③准备一张卡纸。

身边的劳动者
调查表　　　姓名：

他是谁?	做什么工作?	什么时候工作?	使用什么工具?	为我们带来了什么?

【活动过程】

板块一 感知劳动的含义

一、情境导入

（出示动画）小兔家族要评选劳动之星，"劳劳"和"动动"不知道什么是劳动，于是，它们蹦蹦跳跳出去找劳动。

二、感知劳动是什么

主持人：你们认为哪些人是劳动者？劳动又是什么呢？谁能来说一说。

预设1：劳动者是医生、老师、环卫工人、厨师等。

预设2：劳动是做家务、做农活、修理东西……

三、分享劳动是什么

主持人：从狩猎部落、农耕时代，一路穿过漫漫时空隧道，进入智能化数字时代。人类的劳动形式发生了巨变，然而劳动的真谛永恒不变，劳动缔造幸福，劳动成就梦想。

劳动是发生在人与自然界之间的特定活动，是人类社会赖以生存和发展的基础，它主要是生产物质资料的过程，劳动是人类维持自我生存和自我发展的唯一手段。

按照传统的劳动分类理论，劳动可分为脑力劳动和体力劳动两大类。

四、小小辩论赛（体力劳动和脑力劳动哪个更重要）

正方：体力劳动更重要。

反方：脑力劳动更重要。

规则：正反方各选出四名学生，分别代表双方进行辩论。

（辩论时间控制在 10 分钟左右）

主持人提问：经过刚刚激烈的角逐，没有参与辩论的同学们认为哪种劳动更重要呢？

预设 1：脑力劳动更重要，因为……

预设 2：体力劳动更重要，因为……

预设 3：脑力劳动和体力劳动都重要，因为……

主持人总结：实际上同学们应该已经很清楚了，劳动没有高低贵贱之分，脑力劳动和体力劳动是同样重要的，它们之间是相辅相成、互补互助的关系，不是孤立的存在，只有这样才能够实现合力进取。从这场辩论中我们可以知道，不管是脑力劳动者还是体力劳动者，他们都是平等的，是非常伟大而且值得我们尊重的人。

五、劳动对学生的重要作用

（一）有利于培养学生坚韧不拔的品质

参与劳动有利于锻炼学生的意志，使学生养成吃苦耐劳的良好习惯和品质，可以让学生在吃苦耐劳的过程中磨炼心智、历练能力、增强毅力，懂得劳动的艰辛，使其变得更加强大，以后会用智慧与双手自主地创造出更加美好的未来，劳动是对每一个人必不可少的教育。"劳动光荣"，不劳而获可耻，这是一个健康社会中每一个公民应该具有的基本道德品格。崇尚劳动、厉行勤俭节约是每一个公民的基本素养之一。

（二）有利于促进学生德智体美劳的全面发展

人的全面发展离不开德智体美劳的教育。其中劳动教育位于"五育"的核心，劳动是德育的重要途径，通过劳动教育，可以树德、增智、强体、育美，可以塑造自己，可以完善人格，从而实现人的全面发展。

（三）培养学生逐步形成独立自主的能力

学生从事劳动锻炼，有利于减少对他人的依赖心理，更好养成"自己能做的事自己做，不依赖别人帮助"的独立意识。这对于学生的独立性、创造性和适应社会的能力的形成起着推动和支撑作用。劳动提升了学生的乐观能力，它让学生对生活充满了信心，使学生增加了对社会、国家、家庭和自我的责任与担当。

板块二　发现最美劳动者

一、典型个人事迹分享

"劳劳"和"动动"知道"三百六十行，行行出状元"，无论是脑力劳动者还是体力劳动者，他们在各自的领域都有一些杰出的代表，下面是"劳劳"和"动动"为大家分享的一些劳动典型。

每一个劳动者，都是奋斗的英雄。他们身处不同的岗位和行业，各自面对着不同的挑战和困难。有的人需要每天搬运重物，有的人需要反复推敲复杂的方案。但无论劳动者们做什么工作，都值得被尊重和认可。因为劳动者的每一滴汗水，都在创造着更美好的未来。

冬天一身霜，夏日一身汗，晴天一脸灰，雨天满身泥。23年来，他的足迹遍布下花园城区的千家万户，安装了大大小小上千条供水管道，更换了上万个阀门，以娴熟的技术、热忱的服务，赢得了广大用户的尊敬和赞誉。他就是全国人大代表，省、市劳模——王春生。

工作32年来，他从一名普通车工成长为国机集团首席技师、中央企业技术能手、全国技术能手，成为全国纺织工业劳动模范、全国五一劳动奖章获得者。他不懈追求和奋斗经历，是传承和弘扬工匠精神的楷模典范，更是经纬智能转型发展、创新进取的一个缩影，他就是劳模工匠——裴宝林。

作为碳纤维从白到黑的见证者、经历者，他用23年的专注与匠心、传承与志向，以热爱的力量贡献着青春、智慧和汗水。他先后荣获吉林省五一劳动奖章、"中国化学纤维工业协会·恒逸基金"杰出技术工人，总结的2项先进操作法被公司命名为"齐巍"操作法，所带班组被评为中国纺织行业"创新型班组"，他就是——齐巍。

热爱林草事业，对林业技术理论刻苦钻研、认真求证、精益求精；对业务工作积极主动、善于创新、勇于挑战。他就是"献身林草事业、造福一方人民"的全国绿化劳动模范、安徽省五河县朱顶林业工作站站长——张伟。

他出身普通农家，扎根建筑行业一线41年，凭借"干一行钻一行"的精益求精精神，从一名泥瓦工成长为既有高超技能又懂建筑施工管理技术的复合型建筑人才，被授予全国劳动模范、全国五一劳动奖章、"江苏大工匠"等荣誉称号，并当选党的二十大代表。头戴红色安全帽，身着蓝色工作服，手握检测尺，腋下夹着图纸，快步穿梭在建筑施工工地……虽年过花甲，但他依然忙碌在岗位一线，他就是——沈春雷。

他来自大山深处，凭借在汽修岗位上努力耕耘，走进人民大会堂，成为"全国劳动模范"。他只有24岁，却展现出超越年龄的成熟。他秉持"岗位可能平凡，人生不能平淡"的人生格言，以技能成才、用技能报国。他就是95后全国劳模——曾俊钦。

在三十几年中，他始终干在实处，冲在最前，投身最艰苦的工作环境。面对问题，他从不抱怨，只争高下，实现了一次又一次的超越自我。他就像一名赛场上的"领跑者"，带领着一群默默奉献、追求卓越的石油人，在龙王庙组气藏上不停向前，以永不言弃、力争上游的精神诠释了"石油工匠"的含义，把奉献与拼搏拓印在"为祖国开油找气"的使命征途中，他就是——杨忠。

作为优秀的车体设计专家，20多年来主持完成了10多种轨道交通车辆车体的研发设计，获得全国劳动模范、全国五一巾帼奖章、中央企业优秀共产党员、火车头奖章等荣誉，她就是——臧兰兰。

二、劳动群体交流

城市街头，车水马龙，一派繁华的景象。建筑工人为我们建造了无数的高楼大厦，四通八达的水泥马路，其间所付出的劳动不可谓不艰辛。当人们坐在汽车里快速行驶，坐在飞机里翱翔蓝天，可曾想到，正是劳动者用他们辛勤的劳作，创造了美好的生活。

还有数不胜数的警察、消防员、快递员、环卫工人……每一位辛勤劳动的人，都是默默无闻的奉献者，是这个时代最美丽、最可爱的人！

板块三　探寻我们身边的劳动

劳动分为生产劳动、生活劳动和服务性劳动。

一、身边的生产劳动

（一）水稻的种植

水稻的成长要经历四个阶段。

1.幼苗期

水稻播种时，首先要选择粒大饱满的种子，然后将其播种到土壤中，在条件适宜的情况下，种子就会开始发芽，这段时间是幼苗生长的阶段。一般在幼苗的叶片没有长出来之前，主要是通过根部吸收土壤中的营养，叶片长出来之后，就能通过叶片进行光合作用了。

2.分蘖期

秧苗一般在生长一段时间后就可以进行移栽了，移栽到拔节的这个阶段被称为分蘖期。移栽之后作物的根系会出现损伤，这时水稻需要休息一段时间，在休息 5 ～ 7 天后，水稻地上的部分就能恢复。

3.抽穗期

水稻从开始拔节到幼穗长出需要一个月的时间，这段时间是水稻生长的关键期。之后穗子就会慢慢抽出来，时间为 5 ～ 7 天。

4.结实期

水稻穗子抽出来之后，由于没有结实，所以里面还是干瘪的，一般从开花到谷粒成熟的这段时间，茎部会开始生长拔高，然后开花结出谷粒，这个阶段决定着水稻的产量。

（二）窗花的剪贴

中国是一个历史悠久的文明古国，有着灿烂的传统文化。剪纸艺术是中国传统文化的一块瑰宝，传承着中华民族的艺术特色和本土精神。将传统文化与现代生活结合起来，让学生们亲自动手剪纸，不仅能够培养学生的动手能力和创造力，还能使学生更深入地了解中国传统文化。

郭沫若曾在《剪纸选胜》一书中题词"一剪之趣夺神功，美在民间永不朽"来赞美我国的民间剪纸艺术，令人记忆深刻。作为中国传统文化的瑰宝之一，红色剪纸起源于古代民间艺术，历史悠久，土生土长。2006 年，剪纸被列入第一批国家级非物质文化遗产名录。

剪纸艺术，是人民群众智慧的结晶，像在原野盛放的花，散发着浓厚又独特的芳香。剪纸，又叫刻纸，是一种镂空艺术，是中国古老的民间艺术之一，其在视觉上给人以透空的感觉和艺术享受。

古时候人们农耕劳作，崇拜太阳，而红色恰好是太阳的颜色，因此人们把红色视作希望和生命的象征。如今，人们可以看到红色无处不在。中国造纸术，不仅为世界人类文明传播带来了深远的影响，而且成就了中国范儿的潮流艺术——剪纸。一把剪刀，一张纸，千剪不断，线线相连，中国人的美好生活在心灵手巧间得以细腻呈现。每逢节庆喜事，祝福与祈盼就化成这纸间的风采。且因地大物博，大江南北地域风情各异，剪纸也各具艺术魅力。

数千年的发展演绎，从最早的重复折叠性的剪裁显现出对称美，到以小刀用阴阳刻手法刻出的剪纸，"刺子""彩编""套色""铜凿"等不同技术相应诞生，它们相互融合，变幻出万千的世界。现在，剪纸艺术正在全世界范围内广泛传播，在艺术家的创作下，中国造纸术的艺术之美名扬四海。

（三）课桌椅的生产

课桌椅的生产工艺流程主要包括原材料采购、板材切割、加工制造、组装、质量检验和包装出货。

第一，原材料采购。企业会根据自身生产需要，采购符合要求的原材料，如合格的木材、钢材、胶水等。第二，板材切割。木材采购回来后，要先根据设计要求和尺寸，将木材切割成适合制作课桌椅的大小。第三，加工制造。切割好的木板需要进行进一步的加工和制造。在加工制造的过程中，需要进行的操作包括钻孔、刨光、抛光、封边等。这是为了让木制的课桌椅具备更好的质量和外观。第四，组装。此步骤需要使用螺丝、胶水等工具将加工好的各个零部件按照设计要求组装在一起，使其成为具有承重能力的桌椅。第五，质量检验。在组装完成后，需要对组装好的课桌椅进行严格的质量检验，主要检查桌椅的稳定性、承重能力、表面平整度等，以确保产品质量达到标准要求。第六，包装出货。完成质量检验后，将合格的课桌椅进行包装。根据产品尺寸和要求，需使用适当的包装材料对课桌椅进行包装，以免产品在运输过程中受损。然后，将包装好的产品发送给客户。

课桌椅的生产中，每个环节都是非常重要的，其中每个步骤的质量管理和工艺要求都需要严格执行，以确保最终产品的质量和用户的满意度。

此外，农业生产劳动、传统工艺制作、工业生产劳动以及新技术体验与应用等都属于生产劳动。

二、身边的生活劳动

（一）家庭中的生活劳动

1.清洁与卫生之洗衣

洗衣服包括以下几个步骤：分类、浸泡、洗涤、漂洗、晾晒。

2.烹饪与营养之做饭

每天回家后，桌子上就摆满了香喷喷的饭菜，这可是家人辛苦劳动的成果。例如，下面就是西红柿炒鸡蛋的烹饪步骤。

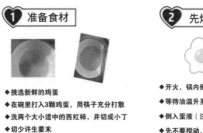

❤①　准备食材

◆ 挑选新鲜的鸡蛋
◆ 在碗里打入3颗鸡蛋，用筷子充分打散
◆ 洗两个大小适中的西红柿，并切成小丁
◆ 切少许生姜末
◆ 切几根小葱，葱白和葱叶分开放

❤②　先炒鸡蛋

◆ 开火，锅内倒油，油的量比平常炒菜稍多些
◆ 等待油温升至9成热（快冒烟的程度）
◆ 倒入蛋液（注意碗要接近油面，防止油星四溅）
◆ 先不要搅动，等蛋液膨胀并凝固
◆ 加入葱白和少许胡椒粉，快速翻炒1分钟
◆ 关火，盛出鸡蛋备用

3 再炒西红柿

4 混合翻炒

◆ 不用洗锅，如果剩的油很少的话，再加些油

◆ 等油热，放入生姜，随即加入西红柿丁

◆ 边翻炒边根据个人口味加入适量盐、糖和番茄酱

◆ 将西红柿炒至软烂出汁

◆ 加入炒好的鸡蛋，翻炒均匀

◆ 加入少许味精和切好的葱叶

◆ 快速翻炒均匀，关火，装盘

教师：西红柿炒鸡蛋是非常好吃的一道菜，做法也非常简单，同学们可以按照今天讲过的步骤，回家自己动手试一试，做一道美味的西红柿炒鸡蛋给爸爸妈妈或者其他家人尝一尝。吃到你们亲手做的菜，你们的家人一定会很欣慰。当然，同学们在使用厨具和炒菜时一定要小心。

（二）学校中的生活劳动

1. 整理与收纳之教室大扫除

主持人：下面请同学们描述大屏幕中图片展示的情景。

预设：洒水的同学疾步如飞，拖地的同学慢步前行。紧张中却不显忙乱，一切是那么井然有序，仿佛一支训练有素的队伍。扫地的同学也不甘落后。看，他们扫得多仔细，每一个角落都逃不过他们的眼睛，躲不过他们的扫把。其他的同学，有的帮忙搬桌子和板凳，有的在捡纸屑，有的在倒垃圾，只要是扫把经过的地方，都变得一尘不染。擦窗户的同学拿着抹布把玻璃从上到下认认真真地擦了一遍又一遍，连一条小缝隙都不放过。只要玻璃上有污渍，准会被彻底清除掉。灰蒙蒙的玻璃在擦洗过后变得干净又明亮了。干净的地板，整齐的课桌椅，明亮的玻璃，整个教室焕然一新。

（在此过程中教师须及时请同学进行补充）

主持人：同学们描述得真是绘声绘色，我仿佛看到了大家在大扫除时的样子，希望大家能够在以后的大扫除中也能像同学们描述的情景里的人物一样认真劳动。

2.教室器具使用与维护之计算机

（1）计算机硬件的维护

①显示器的维护：平时须注意保护计算机的屏幕，如果屏幕表面较脏，可以使用少量的水湿润脱脂棉或镜头纸擦拭。在不使用计算机时，可以用防尘罩罩住显示器，以防止灰尘进入内部。

②硬盘的维护：定期备份硬盘中的数据，保证数据的安全性；定期清除磁盘碎片，优化数据结构链；定期检查与清除病毒，预防病毒破坏硬盘数据，以提高计算机的使用效率。

③键盘、鼠标的维护：对于键盘，应定期用沾有少量专业清洗剂的柔软温湿布进行擦洗，然后用干净而柔软的温布将污迹擦除。对于鼠标的维护，应做到经常注意桌面的清洁，以免污迹进入鼠标影响其灵敏度。

④清洁、除尘、去湿的维护：平时注意做好防尘、防湿工作，定期安排一次专业性硬件护理，让计算机焕然一新。

（2）计算机软件的维护

①操作系统的维护：主要通过小故障及时修理排除、大故障系统还原的方法让每台计算机不出现因故障而长时间停机的状况。平时定期进行磁盘碎片整理、垃圾文件清理等，以提高计算机的运行效率。

②注册表的维护：做好注册表的清理工作，防止出现因注册表冗余键值太多而造成的系统性能下降，定期备份注册表，使注册表出现问题时能及时地解决问题。

③病毒的防范工作：病毒是计算机系统的天敌，大肆的破坏性和广泛的传染性使它对计算机具有极大的威胁。因此，在拷贝外来的磁盘中的信息时必须先对该磁盘做好杀毒检查工作，以保证计算机的安全。定

期升级杀毒软件，以防止最新病毒的袭击，对于发现有感染病毒的计算机，应做好及时的隔离修复工作，防止病毒通过网络危害其他的计算机。

三、身边的服务性劳动

（一）志愿小分队走进社区开展志愿服务活动

在清洁家园志愿服务活动中，学生对小区的地面、花坛、广场、游乐园及楼栋中的广告进行了清理，未放过一个角落。为了倡导文明停车，小分队成员在物业工作人员的带领下将楼道停放的电瓶车挪至停车位或楼道外，并告知车主，最后向进出的居民宣传了规范停车和规范充电的重要性。

（二）开展劳动教育校园职业体验课程

在职业体验课程中，学生被分为室内保洁、室外保洁、安全保卫、会议服务、公物维修和园艺绿化六个大组，在物业工作人员的指导下，体验物业工作人员每天为居民提供的服务，并完成了相应的学习任务单。在课程进行中，学生不仅学习劳动技能，更亲身体验了劳动者的付出与勤劳。

主持人：现代服务业劳动、公益劳动与志愿服务等都属于服务性劳动。我们的生活充斥着劳动，劳动只有分工不同，没有贵贱之分。我们的生活离不开这些劳动者的辛勤付出。

板块四　增强劳动认识

一、小品表演《我到底该不该劳动？》

小品1：一群小学生唱着《劳动最光荣》的歌曲上场，边走边议论老师布置的家庭作业——回家后帮妈妈做一件家务，并把做事的经过用语言叙述出来。一个小学生回到家后，喊着要帮妈妈做事，要热爱劳动。可妈妈却说："你现在的任务是好好读书，将来当个科学家。做家务是家长的事，你不要多管闲事。"

小品 2：一个孩子一边走一边唱，回到家里，手里拿着一个航空模型，高兴地喊着："妈妈，我在航模比赛中得了第一名！"妈妈迎上前来，不屑一顾地说："你就知道玩，你的考试成绩总是不能让妈妈满意。我看你再这样玩下去，以后长大了能有什么出息！"孩子表现出特别丧气的样子。

二、引发思辨，增强对劳动的认识

主持人：从小品出发，请说一说这两位妈妈的做法对不对？如果你是小品中的妈妈，你会怎么说？如果你是小品中的孩子，你会怎样跟妈妈沟通呢？

三、PPT 播放圆满结尾

主持人总结：工作其实根本没有高低贵贱之分，只是分工不同而已。世界上没有一种职业是与我们的生存毫无关联的。所以，我们应尊重每一位劳动者，而不应因工种的不同而厚此薄彼。

板块五　争做最美劳动者

一、劳动我能行

（1）进行现场 30 秒整理活动。学生观察自己的课桌物品摆放情况，并用一个词形容，而后进行 30 秒整理，再用一个词形容。

（2）思考讨论并解答：为什么短短的 30 秒让你的形容词发生了变化？

预设：整理后桌面变美了，而短时间内能让其变美，得益于我们每天坚持进行一分钟整理，在坚持的过程中，我们的整理技能不断提升。

二、劳动我成长

（1）展示开学初教室内务场景与现在教室内务场景对比图和班级获奖证书。

（2）思考并回答：为什么我们有这些变化？证书凝聚着哪些努力？

三、计划我制订

（1）小组讨论后制订劳动计划。对此，可参考非生产劳动以及服务性劳动的各个内容。

（2）以小组为单位，分享劳动计划。

示例1：

劳动任务名称	
要解决的问题	
所需材料、工具与设备	
方法与步骤	
团队成员	
完成时间	
劳动计划或设计方案	
劳动过程记录	
劳动成果	
劳动体会	

示例 2：

劳动活动项目	劳动日期	劳动效果
分类整理家庭书架		
清洗茶具		
借助工具擦拭高于自己的家具		
清洁灶台		
移栽绿植		
切圆形蔬果		
学做一道简单的热菜		

四、劳动我最美

（1）劳动"打卡"。进行 21 天劳动习惯养成"打卡"活动，宣传栏一角公布班级学生各项劳动指标。

（2）劳动评价。对于学校劳动，当天进行记录；对于家庭和社会劳动，班级"打卡"后进行记录，每周产生周劳动之星。

劳动内容	参加的劳动项目	劳动时长	劳动表现	劳动周		劳动成果		劳动测评		阶段测评评价结果
				参与的项目	项目概述	成果名称	成果简介	测评任务	任务表现	
日常生活劳动										□优秀 □良好 □合格 □不合格
生产劳动										
服务性劳动										

（3）测评的劳动任务示例如下：

①任务名称：剪纸。

②任务描述：按照中国传统习俗，每逢春节来临，很多家庭都要贴对联、贴"福"字窗花来增添节日喜庆气氛。请你设计并制作一件剪纸作品，用于春节期间的房间装饰。

③任务要求：对"春"或"福"中的一个字进行设计，简要说明设计意图；至少选用一种工具（剪刀或刻刀）进行制作。

④测试时间：40分钟。

⑤材料与工具准备：红色A3复印纸、剪刀、刻刀、切割垫板。

⑥任务测评：根据评价标准对学生的设计说明、作品以及劳动过程中的表现进行评价。

⑦设计意图：通过实际操作让学生感受劳动带来的美，同时增长学生的技能；通过小组劳动计划，让学生有计划地将劳动运用于学习、生活中，使其明白每一项劳动都是以后成功的根基；劳动"打卡"助力学生养成良好的劳动习惯，培养学生良好的劳动品格。

【课后作业】

写：写自己的劳动计划，并按计划行动。

感：感受最美的劳动瞬间，通过照片或者视频与同学分享。

评：根据各项劳动表现，期末评出"最美班级劳动小能手"。

【结语】

高尔基说："劳动是世界上一切欢乐和一切美好事情的源泉。"是的，劳动不仅能磨炼坚强的意志，培养良好的品质，更能丰富知识，发展思维。同学们，请热爱劳动，用我们的大脑创造出无限的智慧，用我们的双手创造美好的未来，为早日实现中国梦贡献自己的一份力量。

【板书设计】

实践案例十五　共创千卉嘉年华

【活动背景】

　　五育融合既是适应新时代发展和人才培养需要提出的时代命题，也是新发展阶段我国教书育人方式的转型。新时代的劳动教育被赋予树德、增智、强体、育美综合育人的重要价值，基于全面育人视角，劳动教育成为五育融合的根基。武汉市光谷第二十五小学开发实施的以劳动教育为主的学生"千卉课程"的建设，探析了"以劳带全"促"五育融合"的育人路径，突出了"五育融合"内容的创新，旨在提升劳动教育的人才培养地位，发展劳动教育的育人功能，有序推进"五育"均衡、可持续发展，实现全面发展的综合育人目标。本案例将以"千卉课程"的级校展评活动中课程的实施路径、展评形式、展评效果等多个方面介绍劳动教育的校本特色化实施策略。

【活动目标】

　　认知目标：①通过"千卉"校级精品课程、年级班本课程的劳动实践活动，帮助小学生认识了解课程设计应注重实践性，并以操作性、技能性、实践性强的劳动项目为主线，让学生在动手实践中学会基本的劳动技能，提高解决实际问题的能力。②通过劳动教育，使学生认识到劳动的价值和意义，树立劳动最光荣、劳动最崇高、劳动最伟大、劳动最美丽的观念，培养学生尊重劳动、热爱劳动、珍惜劳动成果的意识，并使其养成良好的劳动习惯。

　　行为目标："千卉课程"劳动教育实践项目注重团队合作，目的是使学生在共同完成劳动任务的过程中，培养良好的团队协作精神和责任感。通过分工合作、相互支持，培养学生面对挑战、克服困难的勇气和信心，并使学生动手操练完成收纳技能。

情感目标：①通过劳动教育，锻炼学生的体能，提高学生的身体素质，促进身心健康。同时，劳动教育与德育、智育、体育、美育相结合，实现学生的全面发展。②在实际教学过程中，学校可以结合自身特点和需求，有针对性地开展劳动教育校本课程，为学生提供丰富多样的劳动实践机会，培养德智体美劳全面发展的社会主义建设者和接班人。③劳动教育校本课程注重培养学生诚实、守信、勤奋、踏实的品格，使学生在劳动中学会自律、尊重他人、关爱环境，形成良好的道德素养。④"千卉课程"的级校展评，以学校"以劳带全"的课程结构体系为依托，通过内场推介及外场课程单元展全面呈现了学校在劳动教育校本化实施的实践探索，全面体现了劳动教育的综合育人功能。

【活动准备】

学校准备："千卉课程"嘉年华活动实施方案、"千卉课程"课程框架、"千卉课程"文化手册、"千卉课程"实施剪影（视频）。

教师准备：精品社团现场秀及成果展、班本社团作品秀、"千卉课程"视觉艺术展、现场课程呈现展演。

学生准备："千卉课程"课程材料包、现场课程呈现、"千卉课程"嘉年华统一着装、"劳动最光荣"歌舞展示、生活劳动项目验收及技能展示。

【适用年级】

本活动适合小学一至六年级。

【活动过程】

一、外场课程单元展

（1）根据学校劳动教育实践基地的分布情况，设计校园嘉年华参观路线，沉浸式体验"千卉课程"实践项目。

校园设置单向环线参观路线，以生态厨房、小剧场、校训广场、操场、网球场、和园牧场、雅苑农场等劳动教育实践基地为主要点位，师生、家长及社区志愿者一起展示耕、织、养、造等的"劳动创造美好生活"的场景，生动呈现资源整合的学校劳动教育实践活动样态，感染嘉宾沉浸式体验。

（2）以参观路线为主，沿途设置精品社团现场秀及成果展、班本社团作品秀、"千卉课程"视觉艺术展。以现场课程成果展示的形式，全面呈现学校"千卉课程"在校级精品社团、班本社团、家庭学习、育人实践方面的课程内容与成果。

参观点位包括鼓号队、签到处、花馍展示、小厨房、小剧场、少先队空间、帐篷角、主视觉展览区、家校社实践区、和园牧场、雅苑农场、彩虹阶梯、风筝角、二楼平台共计14处。对于这些点位，应做到责任人及相关负责教师及时到位，外场参加活动学生到位，宣讲员、引导员到位。

下面是各展示项目及分工安排。

序号	参观点位	责任人	师生人数	展示内容
1	鼓号队	少先队	70人	欢迎阶梯处间歇性演奏《迎宾曲》
2	签到处	礼仪组	15人	创意签到及主视觉"打卡"
3	花馍展示	小厨班	2人	非遗花馍课程作品展示
4	小厨房	社团老师及学生	20人	老师带领学生现场展示花馍制作、包饺子、烘焙
5	小剧场	社团老师及学生	20人	现场展示作品织造、环保服装制作以及现场进行环保服装秀表演
6	少先队空间	美术老师	4人	织造社团大型装置艺术展
7	帐篷角	社团老师	2人	现场手绘画帐篷
8	主视觉展览区	社团老师	6人	草垛搭建田园区域，体现"劳动创造美"
9	家校社实践区（6个）	家长代表、学生代表	50人	家长代表带领学生现场呈现日常生活劳动的学习场景

（续表）

序号	参观点位	责任人	师生人数	展示内容
10	和园牧场	社团老师及学生	6人	社团老师带领学生打理牧场，介绍自制孵化工具
11	雅苑农场	社团老师及学生	6人	社团老师带领学生农场种植，引领采摘及果实品鉴
12	彩虹阶梯	社团老师及学生	54人	陶笛吹奏曲目
13	风筝角	社团老师及学生	20人	现场展示制作、手绘风筝，放风筝
14	二楼平台	年级组	10人	以年级为单位，花车展示各年级班本课程劳动教育成果

本次活动应注意以下几点：①各点位负责人应明确现场展示活动内容，合理组织学生分小组、分项目开展实践活动；②外场项目参与学生不随意走动、串场、追逐打闹，能根据责任老师的要求正确开展劳动实践项目；③学生应排队进出，不散队，不随意集结；④各责任老师应注意学生的防暑降温工作。

（3）现场打造家校社实践区。家庭学习是"千卉课程"生活劳动板块的实施路径之一，以"武汉东湖新技术开发区中小学日常劳动教育清单"为参考，光谷第二十五小学主张按年级安排学生进行生活自理、家居生活劳动等劳动技能学习，每月一个项目内容，师生、家长共同建设学习资源包，定期推送，学生自学或在家长帮助下学习实践，汇报分享成果，全员参与、互学共进。

在"千卉课程"嘉年华活动现场，共有6个实践展示区域，家长代表带领学习团队现场学习缝纽扣、整理收纳、植物拓印、做沙包、系鞋带等生活劳动技能。

二、内场课程发布单元

（一）主题汇报——"千卉课程"建设与实施

以汇报形式推介学校"千卉课程"的开发背景与结构体系；以情景演示呈现"千卉课程"的实施过程，凸显以劳带全的"千卉课程"在资源整合、教学相长、家校社联动等方面的实践探索。

1."千卉课程"是什么

2020年，学校在原"三雅教育"办学思想基础上，提出"和雅"教育办学理念，以基于教师发展的"百花工程"和学生成长的"千卉课程"为依托，描绘"共同创造美好"的办学愿景，推进学校内涵发展。

"千卉课程"是学校建设实施的以培养学生劳动素养为主要目标，整合校内外、融合各学科、强化实践学习的校本学生成长课程。

2."千卉课程"建设实施的成效

学校的"千卉课程"自2020年酝酿至今，师生全员参与，校内外深度整合，已确定课程结构及分年级课程内容和实施路径，课程资源不断生长，五育融合、教学相长、共建共享的新样态正在蓬勃绽放。

（1）学生层面：丰富了学生的校本课程内容及形式。展评活动的现场实操展示、作品单元展览、讲解播报、礼仪接待等活动，全面锻炼了学生的综合能力，提升了学生的综合素养。

（2）教师层面："千卉课程"的班本社团开发，激活了学校"百花课程"对教师综合能力的开发，将教师从"百花课程"中学会的创意、织造等相关劳动能力，辐射到了学生、家长层面，促进了校园教学相长的良好态势的发展，提升了教师的核心素养与课程开发能力。

（3）学校层面：光谷第二十五小学建设实施的提升青年教师的"百花课程"和指向学生劳动素养培育的"千卉课程"在级校展评活动中得以有效关联，让教师的学习得以延续，学生的课程开发拥有了丰富的校内导师，确保了课程的有效开展。两大课程体系并行，深化了学校"和雅"教育的内涵，提升了学校的影响力。

3."千卉课程"的推广价值

"千卉课程"的建设实施，能够贯彻《关于全面加强新时代大中小学劳动教育的意见》精神，落实教育部《义务教育劳动课程标准（2022年版）》，解决《劳动教育》（省编）教材及"武汉东湖新技术开发区中小学日常劳动教育清单"的校本化实施问题。

（二）"千卉课程"发布会

1.暖场单元（10分钟）

播放视频《"我来，花开"——光谷二十五小"千卉课程"发布会筹备纪实》。即将学校组织策划"千卉课程"的过程及关键节点的重大活动幕后花絮进行精心剪辑制作，形成微电影，在来宾外场参观结束后进入内场报告厅时滚动播放。

2.课程发布单元（30分钟）

依托学校"千卉课程"课程框架，结合课程开展情况，通过主题分享、现场情景演示的形式，生动呈现"以劳带全"的"千卉课程"在武汉市光谷第二十五小学校本化特色化实施的育人样态。

课程发布单元的流程如下：

板块一："千卉课程"简述（上）（校长）3分钟。

板块二："千卉课程"课堂呈现 14分钟。

呈现方式：现场情景展示及演讲，以播放视频为主，以展示PPT为辅。

情景展演：四年级学生表演《我和番茄杠上了！》。

核心展示内容：四年级全员参与（每班一个品种）。

制作需求：视频脚本、配音文案、学生表演剧本等合理设计、制作。

人物：四年级学生、教师4人（语文、数学、科学、美术）。

道具：学生手账本（记录番茄成长过程）、小菜篮、小栅栏（围成正方形、长方形菜地）、育苗杯（育好幼苗）、PPT（介绍番茄种类、番茄连连看）。

（1）表演剧本《我和番茄杠上了！》。

学生1：咦——我的手账记录怎么会在大屏幕上？这可是我学习咱们四年级番茄课程的完整记录呀！

学生2：为了了解番茄成长的一生，我可是从阳春三月到炎炎夏日，隔三岔五就去种植园观察，收获可大了！

学生 3：是啊，《hello! 小番茄》的校本课程学习，让我们全程见证了番茄的成长。明年春天，我都可以在家指导爸爸妈妈种番茄了。

（手账图片慢镜头翻页）

（第一部分：番茄种类我知晓）

（上课铃声响，5 个学生拿着 8 个凳子从舞台左边上场，语文老师张雅丽从右边上场，呈现现场授课场景，老师指着 PPT 教学）

学生：上课了，上课了，老师来啦！

教师：上课！

学生：起立！老师，您好！

教师：同学们好，请坐！

教师：同学们，上节课老师讲过常见番茄的种类，你们还记得吗？请说说你印象深刻的是哪些种类。

生 1：我知道樱桃番茄也叫作圣女果，它个头小小的，原产于热带。（对，这是最常见的小番茄，我们的种植园里就有）

学生 2：罗马番茄也叫作李子番茄，因为它果肉汁液多，所以主要用来制作番茄酱。

学生 3：我知道一种牛心番茄，因为它的形状很像牛心而得名。（你是因为这种番茄特殊的形状而记住它的）

学生 4：我知道番茄品种中的黑珍珠番茄，它的果实是黑紫色的，茄红素和维生素 C 的含量都高于普通番茄。（黑珍珠番茄很有研究价值）

教师：常见番茄的种类大家都了解了，现在老师带大家走进种植园，看看我们培育的番茄种子都有哪些。（PPT 出示育苗插牌，标注番茄种类：大红番茄、粉贝贝、金玲珑、千禧果、黑番茄、黄圣女果、瀑布番茄）

（第二部分：移栽番茄我能行）

教师：同学们，咱们育苗成功了，就要将番茄苗移栽到地里，而想要知道一块地可以栽多少番茄苗，这个可得请数学老师帮忙了。（数学老师上台）

学生：我们早就问过数学老师了，他还给我们布置任务了。

教师：同学们，要想弄清楚这块地可以栽种多少番茄苗，你们想到了哪些好办法？

小组 1：我们小组用的是实物摆一摆的方法，就是把育苗杯实际放到我们班级的那块地里，先摆放，再调整，最后发现可以摆放 24 棵幼苗。（几千年前，我们的先辈也是用你们这种实物摆放预估法来种植秧苗的）

小组 2：我们小组采用的是测量计算法，先测量这块地的长和宽，再根据两棵幼苗之间的间距（大约是 60 厘米），用除法算出这块地的长和宽分别可以放多少个这样的育苗杯，用乘法算出一共可以放多少个育苗杯。

小组 3：我们和第 2 小组的方法有些相似，但我们是用面积来计算的，先测量这块地的长（6 米）和宽（3 米），再算出这块地的面积（18 平方米），用面积除以间距（0.6 米），得出的就是可以种植的棵数。（哦，原来你们用的是计算这块地的面积这种方法）

小组 4：我提醒一下第 3 小组，你们的结果不够准确。我们小组也用过面积计算公式，可到地里用时就发现还可以栽得更多。最后我们借鉴了体育老师在操场上定点位的方法，将菜地当作长方形，以 60 厘米为间距，先在长方形里画线，当横线和竖线交叉，那个交叉点就可以种植一棵番茄苗，不算边框四周的点位，我们发现可以种下 36 棵番茄苗。（表扬这一小组，你们既有理论思考，又有实践操作，用数学的眼光观察世界，在探究中发现问题进而用数学的思维解决问题）

教师：同学们，这节课我们通过任务式学习知道了把控种植间距来移栽番茄苗。相信在你们的精心呵护下，小番茄一定能和你们一样茁壮成长。

学生：小番茄红透了。摘番茄了，自己种的番茄吃起来真甜！

学生：丰收了！咱们丰收了！听说小厨班就要开课啦，快把我们的红果果送给他们尝尝吧！

（下课铃声响，老师喊下课，师生退场）

（2）情景展演：《"百花""千卉"共芬芳》（课程资源呈现）。

核心展示内容："百花"助力教师成长，"千卉"引领学生进步，师生共生共长。

制作需求：现场社团微展示（学生烹饪展示技能，呈现课程资源包学习过程）；艺术生活课实施视频，演讲文稿。

学生1：今天种植社团的同学给咱们送来了好多的红果果，快来一起做美食吧！

（学生取出平板电脑，示意单击动作）学生分工开始制作番茄炒鸡蛋、凉拌番茄。

（视频播放：屏幕展示单击链接后跳转到"千卉课程"资源平台，开始播放番茄炒鸡蛋和叶晶老师的上课视频）

（20秒后，社团老师出场）

教师：大家好，我是魔力小厨班的社团老师叶晶，也是学校教师发展中心主任。咱们学校的原名叫"花山小学"。基于教师专业发展的校本师资培训"百花课程"和指向学生劳动素养培育的"千卉课程"，是学校的品牌特色项目，也是我们"和雅"教育发展的核心路径。

"千卉课程"，面向全体学生，注重学生的劳动体验，目的是以劳带全，促进五育融合。"百花课程"助力教师素养提升，打造校本研修课程超市，根据教师专业发展水平设置必修及选修课程。艺术生活课是"百花课程"选修项目的重中之重，它指向教师艺术素养的提升和审美情操的培育，既滋养了身心，也浪漫了生活。在光谷第二十五小学，"百花""千卉"竞相开放，教师与学生共生共长，这是我们最美好的期待……

（3）开设"千卉课程"班本社团。

陈艳、王校长巡视社团，并到小厨班看了一眼。

王校长：陈主任，你在巡视社团吗？

陈主任：是啊。王校长，你看，青年老师们通过"百花课程"的学习，学会了不少本领，还将它们带回了班级，开设了"千卉课程"班本社团，将学到的美好，传递给自己的学生。

王校长：番茄炒鸡蛋出锅了，真是色香味俱全，现场的来宾快请尝尝看吧！（众人下台）

三、家校社联盟——向阳共育新生态

家庭"千卉课程"的学习呈现（劳动验收）：

核心展示内容：家庭"千卉课程"的学习，资源包的使用。

制作需求：主要凸显学生在家利用"千卉课程"资源包进行家庭学习（叠衣服、日常生活劳动、家务整理等），展示在校参加劳动验收活动的过程。

（一）场景再现

场景一：视频呈现

一位家长的教育日记：

小宝的学校明天要举行这学期的劳动验收，老师今天还特意邀请我作为家长代表去担任评委。希望孩子们明天会有精彩的表现，好期待！

——小宝妈妈

2023 年 5 月 8 日

场景二：演绎家长聊天现场

屏幕背景：校门（劳动精品课视频节选）。

人物：2 位担任劳动验收评委的妈妈（A、B）。

A：Hello！ ×× 妈妈。

B：嗨，×× 妈妈。你也是来参加学校劳动验收的吗？

A：是的。你也是吧！听说你们家的孩子上次在班级岗位竞选时现场展示了擦玻璃技能，把教室里的玻璃擦得锃亮锃亮的，真厉害。

B：她都是在家里看学校发布的劳动精品课视频学来的，还兴致勃勃地拉着我们一起学呢！

A：我们家的孩子最近也在反复看学校的系鞋带视频，还说必须学会，不然劳动验收过不了关。

B：可不是！我们快进去吧，劳动验收马上就要开始了。

场景三：演绎劳动验收现场

道具准备：

立牌：二年级——我会系鞋带；三年级——我会洗物品；四年级——剪窗花。

其他物品：小盆子3个，红领巾3条，桌子1张，剪刀3把，窗花纸3张、达标通关卡9张。

屏幕背景：武汉市光谷第二十五小学5月劳动验收大赛（PPT）；学生在家视频学习、居家劳动视频剪影。

人物：二、三、四年级学生各3人，家长2人，老师1人。

教师：同学们准备好了吗？

学生：准备好了！

教师：验收开始！

（完成的学生，伴着音乐，到台前展示自己的成果）

（所有学生完成展示后）教师：同学们，你们太棒了，今天全部通关成功，请评委为同学们发放通关卡。祝贺你们！

教师：看到刚才同学们的表现，老师也想采访一下，想知道你们还有哪些没有表现出来的隐藏技能，哪位同学想来分享？

学生A：老师，我会做水果拼盘。

学生B：老师，我会煮米饭。

学生C：老师，我会种番茄，是在学校种植社团学的。

学生D：老师，我会养小鸡，我还亲眼看到小鸡从鸡蛋壳里出来了。

教师：我想那个画面一定很震撼。

（二）养殖社团视频播放

继续呈现家长的教育日记：

"劳动创造美好生活。"这句话说得真好。孩子除了学习，更要学会生活。学校为了以劳育德，全方位锻炼孩子，整合了家庭、社会多方资源，能够参与其中，无比荣幸，我一定会全力支持！

——小宝妈妈

2023 年 5 月 10 日

四、"千卉课程"简述（下）（校长）5 分钟

舒艳琴校长在劳动教育推进会总结讲话中说道，劳动课程是实践育人的核心和基础。学校在校本课程的建设与实施中，不断优化指向小学生劳动素养培育的"千卉课程"，探索以劳动教育推进五育融合、深化教学相长、实现共建共享的建设思路。最后，全体嘉宾和部分学生进行合影留念。

参考文献

[1] 中共中央马克思恩格斯列宁斯大林著作编译局.马克思恩格斯选集：第2卷 [M].3 版.北京：人民出版社，2012.

[2] 向艳，张萌，王红.义务教育阶段劳动项目的课程价值及其设计原理探析 [J].中国教育学刊，2024（4）：34-39，43.

[3] 顾建军，毕文健.刍议新时代劳动教育课程的一体化设计 [J].人民教育，2019（10）：11-17.

[4] 侯红梅，顾建军.我国小学劳动教育课程的时代意蕴与建构 [J].课程·教材·教法，2020，40（2）：4-11.

[5] 罗艺，王路达.新时代生态劳动教育：内涵特征、育人功能与实践逻辑 [J].东北师大学报（哲学社会科学版），2023（6）：123-128，156.

[6] 张雪.小学劳动教育课程体系构建研究 [D].重庆：西南大学，2021.

[7] 钟飞燕.新时代学校劳动教育研究 [D].长春：吉林大学，2021.

[8] 张元奎.苏霍姆林斯基劳动教育思想的价值向度与时代启示 [J].教育理论与实践，2024，44（5）：11-14.

[9] 程德生，卢军.小学生劳动精神培养三加强 [J].中国教育学刊，2021（5）：104.

[10] 夏惠贤，杨伊.我国中小学劳动教育的百年探索、核心议题与基本走向 [J].教育发展研究，2020，40（24）：13-20.

[11] 孙会平，宁本涛.五育融合视野下劳动教育的中国经验与未来展望[J].教育科学，2020，36（1）：29-34.

[12] 苏霍姆林斯基.让少年一代健康成长[M].黄之瑞，张佩珍，姚亦飞，等译.北京：教育科学出版社，1984.

[13] 苏霍姆林斯基.公民的诞生[M].黄之瑞，张佩珍，姚亦飞，等译.北京：教育科学出版社，2002.

[14] 张宇珊.小学生劳动习惯养成问题及对策研究：以贵阳市X小学为例[D].太原：山西大学，2023.

[15] 张雪晨.小学生劳动习惯养成的现状及策略研究[D].沈阳：沈阳师范大学，2022.

[16] 安文丽，许建华，章婧.贯通：走向绿色生态的校本路径[M].南京：河海大学出版社，2021.

[17] 范涌峰.新时代劳动教育课程的现实样态与逻辑路向[J].教育发展研究，2020，40（24）：28-35.

[18] 陈南.劳动教育：思想演变与地位流变：兼论开展劳动教育的时空背景[J].南京师大学报（社会科学版），2020（6）：39-49.

[19] 郝文武.马克思主义劳动教育的本体论和时代性意义[J].山西大学学报（哲学社会科学版），2020，43（3）：103-111.

[20] 李刚，吕立杰.大概念视域下我国大中小学劳动教育课程一体化建设的思考[J].教育科学，2020，36（5）：19-26.

[21] 任志锋.以体力劳动为主加强劳动教育[J].思想理论教育，2020（8）：61-66.

[22] 檀传宝.何谓"教育与生产劳动相结合"：经典论述的时代诠释[J].课程·教材·教法，2020，40（1）：4-10.

[23] 王飞，徐继存.大中小学劳动教育实施现状的调查研究[J].课程·教材·教法，2020，40（2）：12-19.

[24] 武秀霞."劳动"离教育有多远？：关于劳动教育实践问题的反思[J].当代教育论坛，2020（3）：114-121.

[25] 余文森，殷世东.新时代中小学劳动教育的内涵、类型与实施策略 [J].全球教育展望，2020，49（10）：92-101.

[26] 孙丹，徐辉.苏霍姆林斯基劳动教育培养"真正的人"的三重逻辑与时代价值 [J].西南大学学报（社会科学版），2023，49（1）：184-192.

[27] 靳玉乐，胡月.劳动教育与学生品格的形成 [J].教育研究，2021，42（5）：58-65.

[28] 朱蓓，吕宁.过程视角下大中小学一体化劳动教育体系构建研究［J］.学校党建与思想教育，2021（14）：38-40.

[29] 张丽华，冯新瑞.区域推进劳动教育课程建设的现状、问题及对策研究：以沈阳市沈河区为例 [J].中国德育，2021（9）：9-14.

[30] 张丽娟.大中小学一体化视域下学校劳动教育策略分析 [J].齐齐哈尔大学学报（哲学社会科学版），2021（8）：159-162.

[31] 曾天山，顾建军.劳动教育论 [M].北京：教育科学出版社，2020.

[32] 檀传宝.劳动教育的概念理解：如何认识劳动教育概念的基本内涵与基本特征 [J].中国教育学刊，2019（2）：82-84.